KB048176

정치외교학자
김지윤 박사가
알려 주는

십 대 를 위 한

정치
사전

정치외교학자 김지윤 박사가 알려 주는

십 대를 위한 정치 사전

초판 1쇄 발행 2022년 07월 29일

글쓴이 김지윤

편 집 장 천미진
편　　집 최지우 김현희
디 자 인 최윤정
마 케 팅 한소정
경영지원 한지영

펴낸이 한혁수
펴낸곳 도서출판 다림
등　록 1997. 8. 1. 제1-2209호
주　소 07228 서울시 영등포구 영신로 220 KnK 디지털타워 1102호
전 화 02-538-2913 **｜ 팩 스** 070-4275-1693
블로그 blog.naver.com/darimbooks
다림 카페 cafe.naver.com/darimbooks
전자 우편 darimbooks@hanmail.net

ISBN 978-89-6177-295-2 43300

김지윤

정치외교학자
김지윤 박사가
알려 주는

십 대 를 위 한

정치
사전

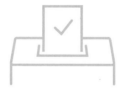

다림

매일 아침, 밤새 미국과 유럽에서 벌어진 사건들을 업데이트하는 것으로 하루를 시작한다. 시차가 있기 때문에 자는 동안 많은 일들이 지구 다른 편에서 일어나기 때문이다. 한차례 쭉 알람이 온 속보 뉴스를 스마트폰으로 읽고 나면 그제야 주섬주섬 일어나 앉는다. 그런데 언제부터 나는 정치에 관심을 가졌을까.

사실 가장 많이 듣는 질문 중 한 가지가 왜 정치학을 전공했느냐는 것이다. 그럴 때마다 매우 난감하다. 딱히 대단한 이유를 가지고 정치학 공부를 시작한 것이 아니기 때문이다. 그저 어쩌다 보니 좀 멋있어 보이는 정치외교학과에 간 것이고, 주어진 일은 꽤 성실하게 하는 성격 덕분에 공부도 열심히 하고 유학도 가고 학위도 받게 되었다. 곰곰이 생각해 보면 사실 정치 자체에 그렇게 관심이 많은 것 같지도 않다. 모략과 부정부패, 위선이 먼저 떠오르는 정치를 좋아하는 사람이 얼마나 있을까.

그럼에도 수많은 정치적 행위 뒤에 숨어 있는 이유라든지, 배경과 역사를 알아 가는 과정은 매우 즐거웠다. 왜 로마 공화정은 무너졌는지, 베스트팔렌 조약을 근대 국제 협약의 시초라고 하는지, 냉전이 끝난 이유는 무엇이고 이게 전 세계에 어떤 영향을 미쳤는지. 미디어는 언제부터 등장했고 이들의 역할은 무엇이고 또 얼마나 큰지, 그리고 괜히 가슴 뛰고 흥분되는 선거는 어떻게 우리의 마음을 훔치는지.

인간에게는 권력을 탐하는 본능이 있다. 자신이 원하는 것을 얻기 위해서든, 다른 이들을 굴복시키기 위해서든, 항상 강자가 되고 싶어 하고 권력을 갈구한다. 그리고 대부분의 사람들은 자신의 안위를 위해 혹은 조금이라도 권력의 끝자락을 누려 보고 싶은 마음에 권력을 가진 자의 편에 선다. 지나친 권력 투쟁과 음모, 소수의 독주와 무자비함 등을 견제하기 위해 인류는 시스템을 고안해 냈고, 정치와 권력이 이 시스템 안에서 움직이도록 장치를 만들었다. 영토를 가진 국가 내에서뿐 아니라 국가들 사이의 질서 또한 지키고자 노력했다. 그것이 지금까지 인류가 해 온 일이다.

벚꽃이 피었다. 어느덧 한국의 20대 대통령 선거가 끝나 새 정권의 시대로 접어들었다. 그리고 유럽 대륙에서는 2차 대전 이후 처음으로 한 국가가 또 다른 주권 국가를 침공하는 일이 벌어졌다. 2022년은 냉전이 끝나고 30여 년 동안 이어져 왔던 긴 평화가 종지부를 찍는 해로 기록될 것이다. 그리고 앞으로의 세계는 지난 한 세대와는 상당히 다른 모습으로 전개될 것이다. 신냉전이 벌어질 수도 있고, 전 세계가 다극화(multipolar)되어 각자도생하는 정글이 될 수도 있다.

이런 시점에서 조금이나마 정치에 대해 관심을 기울이고, 한반도 밖에서 벌어지는 일들이 우리에게 어떻게 영향을 줄지 고민해 보는 것이야말로 매우 중요한 일이 아닐까 싶다. 그 첫발을 내딛는 데에 도움이 되길 바라는 마음을 이 책에 담았다.

마지막으로 책이 나오기까지 무던히 애써 주신 다림출판사와 최지우 편집인께 감사드린다. 그리고 글을 쓰면서 혹시라도 너무 어렵거나 현학적으로 되지 않게끔 검토해 주었던 두

아들, 재우와 재성이에게 고마움과 사랑한다는 말을 전하고자 한다.

2022년 봄, 김지윤

차
례

4 작가의 말

국제 사회

데모크라시

내셔널리즘

롤스와 정의

법의 제정

미디어

사법

정당

외교

참정권

ㅋ

카더라 통신

ㅍ

평화와 안보

ㅌ

투표

ㅎ

행정

ㄱ

국제 사회

국제 사회의 등장

미국의 어느 기타리스트는 이렇게 말했다. '그 나라를 대
표하는 맥주와 항공사가 없다면, 진정한 국가라 할 수 없
다!' 과연, 국가가 세워지기 위해선 무엇이 필요할까? 이
에 대한 사전 속 설명은 매우 딱딱하다. 국가란 일정한 영
토가 있어야 하고, 그 안에 살고 있는 국민이 있어야 한
다. 그리고 이를 지배하는 통치 조직이 구성되어 있어야
한다. 국가는 국민을 보호하고 국제 사회에 나가 '국익'을
추구한다. 국익이란 국가의 이익을 의미한다.

국가와 국익이라는 개념이 형성되기 시작한 시점으로 많은 이들은 1648년의 베스트팔렌 조약＊을 든다. 유럽 전역을 초토화했던 30년 전쟁＊＊을 마감한 이 역사적인 조약은, 국민과 영토 그리고 주권을 가진 '국민 국가'의 출현을 불렀다. 30년 전쟁 이전까지의 유럽은 봉건제가 무너지고 절대 왕권을 가진 국가가 출현하던 시기였다. 이 마지막 종교 전쟁을 끝으로 유럽은 새로운 시대로 접어들게 된다.

베스트팔렌 조약은 전쟁에 참여했던 모든 유럽 왕국과 나라들이 '협상'을 통해 전쟁을 끝냈다는 점에서 국가 간의 협의를 바탕으로 하는 국제법의 시초가 되었다. 또한 국가의 국력이나 영토의 차이와 상관없이 모든 국가는 하나의 주체로 평등하며, 타국의 내정에 간섭하지 않는다는 점에 합의했다. 전쟁의 실마리였던 종교의 자유를 허용함으로써 종교와 정치가 구분되는 중요한 계기를 제공했고,

＊ 1618년에 독일 베스트팔렌에서 독일·프랑스·스웨덴 등의 여러 나라가 체결한, 30년 전쟁의 종결을 위한 강화 조약
＊＊ 1618년에서 1648년까지 독일을 중심으로 유럽의 여러 나라 사이에서 일어난 종교 전쟁

이를 통해 서구는 근대 국가로서의 체계를 갖추고 빠르게 발전하게 된다.

특히 각 나라가 주권 국가로서 베스트팔렌 조약을 맺었다는 점은 매우 중요한 의미를 갖는다. 이후 국가들은 개인이 이익을 위해 경제 활동이나 정치 활동을 하듯, 국익을 위해 경제 활동과 정치 활동을 하게 된다. 그리고 이런 활동이 이루어지는 세계 무대를 현대적인 의미의 '국제 사회'라고 한다.

국제 사회를 보는 시선

국제 사회를 설명하는 세 가지 시각 혹은 이론은 크게 현실주의, 자유주의 그리고 구성주의로 나뉜다.

현실주의는 국제 사회를 정글과 같다고 본다. 국가는 국익을 추구하는 존재로서, 힘의 원리를 따르기 때문에 보편적 윤리나 양심에 의한 행동이 의미 없다고 말한다. 영국의 철학자 홉스Thomas Hobbes가 말한 '만인의 만인에 대한 투쟁'이 벌어지는 곳이 바로 국제 사회라 할 수 있다.

자유주의는 진정한 국익을 위해서는 협력을 통한 평화

가 유지되어야 한다는 점을 강조한다. 현실주의적 시각에 따른 행동은 결국 모두에게 파멸을 가져올 수 있으므로, 이성적인 판단과 윤리적 기준이 작용하는 협력적인 국제 사회를 만들어야 하고 또 그렇게 할 수 있다고 본다. 국제 법, 국제기구, 국제 규범 등이 국제 사회의 기초가 되고, 이를 통해 질서가 있는 사회가 이루어질 수 있다고 주장한다.

마지막으로 구성주의는 국제 정치를 국제 사회에 대해 각기 다른 인식을 가진 국가들이 국익을 추구하는 사회적 행위로 본다. 국제 사회의 구성원인 국가들은 특정한 가치관 혹은 정체성을 통해 국가 이익을 인식한다. 이런 정체성은 상황에 따라 반응하면서 변하기도 하는데, 예를 들어 안보 위기*가 닥친 경우에는 현실주의적 시각으로 국제 정치를 바라보게 되고, 자국의 이익을 최우선으로 하며 외부 위협에 촉각을 내세운다. 이럴 경우, 현실주의적 시각을 가진 국가들의 상호 작용으로 인해 국제 사회 역시 현실주의적 분위기가 형성된다. 따라서, 국가의 정체

---

* 국가와 국민의 안전이 위협받는 일

성과 상황적 요소가 함께 작용한다고 할 수 있다.

물론 국제 정치를 바라보는 시각 중 어떤 것이 옳은 것인지에 대해서는 논쟁의 여지가 있다. 기본적으로 현실주의가 지배적이지만, 이의 단점을 극복하기 위해 자유주의적 시도를 하고 있다 정도로 이야기하면 적당할까?

하드 파워와 소프트 파워

전 세계 국가들 사이에는 뚜렷한 국력의 차이가 존재한다. 누가 뭐래도 현재 미국은 세계 최고 강대국이고 중국의 도전을 받고 있다. 그렇다면 대한민국의 국력은 어느 정도 될까? 우리의 비교 대상으로 종종 등장하는 이탈리아와 견주었을 때, 우리나라와 이탈리아 중 누가 더 '셀'까?

이를 위해 먼저 하드 파워hard power라는 개념을 알아보자. 하버드대학교의 조지프 나이Joseph S. Nye 교수는 한 국가의 국력을 설명할 때 하드 파워와 소프트 파워soft power를 구분해 설명했다. 하드 파워는 강제적인 방식을 통해 상대방이 나의 뜻에 따르도록 할 수 있는 능력이다. 강제적인 방식이지만 가끔은 채찍이기도 하고 또 가끔은 당근일 수도 있다. 군사력과 경제력이 모두 하드 파워의 영역에 들어간다. 무력을 통해 상대국을 침공하는 행위는 대표적인 채찍이라고 할 수 있다. 경제 제재를 통해 상대국의 경제에 압력을 가하는 것도 채찍의 한 방법이다. 반대로 경제 제재를 풀어 준다든지 무역 장벽을 낮추는 것은 당근에 해당하는 하드 파워이다. 러시아의 우크라이나 침공은 군사력이라는 하드 파워를 이용해 채찍을 휘두른 경우이고, 미국의 이란이나 북한에 대한 경제 제재 역시 경제력이라는 채찍을 이용한 경우이다. 대표적인 하드 파워로 군사력과 경제력을 꼽지만, 그 국가의 천연자원이나 인구 역시 하드 파워에 들어간다.

소프트 파워는 그 국가의 문화적, 역사적, 외교적 영향력을 발휘해서 다른 국가를 설득하고 자국이 원하는 방향으로 이끌어 가는 힘을 의미한다. 하드 파워에서 빼놓을 수 없는 것이 압박과 강제였다면, 소프트 파워는 설득을 통해 협력할 수 있도록 유도하는 것이다. 여기서 중요한 것은 '설득'이다.

소프트 파워에는 다음과 같은 세 가지 종류의 자원이

있는데, 정신적 가치, 외교 정책 그리고 문화이다. 정신적 가치라 하면 대표적으로 민주주의와 같은 이념을 들 수 있다. 2021년 영국의 콘월Cornwall에서 열렸던 G7* 정상 회의는 경제 선도국 모임에서 벗어나 민주주의 가치를 내세우는 주요 7개국 모임으로 자리매김했다. 한국 역시 콘월에서의 G7 정상 회의에 초청을 받았고, 이는 대외적으로 긍정적인 평가를 받았다. G7에 속한 국가들과 협력하는 것은, 우리가 자유 민주주의 국가로서의 위상을 갖고 있다는 의미이기 때문이다. 이와 더불어 외교 정책 역시 소프트 파워에 들어가는데, 무력을 이용하지 않고 협상과 합의를 끌어낼 수 있는 중요한 힘으로 작용한다.

아마도 우리에게 가장 익숙한 소프트 파워라면 바로 문화일 것이다. 뛰어난 문화와 역사를 가진 국가에 많은 이들은 매력과 친근감을 느낀다. 우리가 케이 팝K-Pop이나 한류 이야기를 하는 이유 또한 이것이 우리의 중요한 소프트 파워이기 때문이다.

....

* 주요 7개국 모임으로, 미국·영국·프랑스·독일·이탈리아·캐나다·일본을 지칭한다.

그렇다면 이 하드 파워와 소프트 파워는 어떻게 측정할까? 하드 파워의 경우는 제법 간단하게 측정할 수 있다. 그 나라의 경제력은 GDP로 측정이 가능할 것이고, 군사력의 경우는 그 나라가 가지고 있는 무기 체계와 인적 자원 등을 검토해서 대략적 규모를 측정해 오고 있다. 참고로 글로벌 파이어파워Global Firepower라는 민간 기관에서는 2006년부터 140개국의 국력을 측정해서 순위를 매기고 있는데, 현재 보유하고 있는 (핵무기를 제외한) 재래식 무기를 이용해 가상의 전쟁에서 발휘할 수 있는 능력을 계산한다. 이미 오래전부터 미국이 1위를 차지해 왔고, 2021년 보고서에서도 역시 1위를 차지했다. 2위는 러시아가 차지했다. 3위는 중국, 4위는 인도 그리고 5위는 일본 순이었다. 한국은 여기서 6위를 차지했다.

소프트 파워 역시 측정하는 곳이 많다. 기관마다 다른 변수를 사용하고 가중치가 다르므로 군사력처럼 미국이 압도적으로 1위를 차지하지는 않는다. 오히려 유럽 국가들의 소프트 파워가 높게 나오는 편이다. 상위권에 들어

....

* 일정 기간 한 나라 안에서 생산된 모든 생산물의 시장 가치

가 있는 국가들로는 독일, 영국, 프랑스, 미국, 스위스, 스웨덴, 캐나다 등이 있고, 아시아 국가에선 일본이 종종 10위권 안에 들어간다. 지금까지 한국의 최고 성적은 브랜드 파이낸스Brand Finance에서 측정한 2021년 보고서에서 11위를 차지한 것이다. 그런데도 우리나라는 꽤 강하고 안정적인 하드 파워에 비해 소프트 파워가 받쳐 주지 못하는 경우로 종종 언급되곤 한다.

조지프 나이 교수는 강대국이 되기 위해서는 하드 파워와 소프트 파워를 모두 갖춰야 한다고 주장한다. 미국의 경우는 추종을 불허하는 하드 파워와 이를 단단히 뒷받침하는 강력한 소프트 파워가 있기 때문에 명실상부한 강대국이라 할 수 있다. 사실 많은 사람들이 미국에 매력을 느끼고 슈퍼파워로 인정하는 것은 단순히 군사력이나 경제력 때문만은 아니다. 강력한 군사력과 경제력을 바탕으로 여러 매력적인 요소를 갖고 있기 때문이다. 먼저 애플, 페이스북, 테슬라, 아마존 같은 세계적 기업들과 이를 배출해 낸 실리콘 밸리가 있다. 디즈니, 유니버설 스튜디오, 픽사, 할리우드 같은 화려한 문화 산업도 있고 하버드, 예일, 프린스턴, 스탠퍼드 같은 명문 대학들까지 갖추고 있다. 문화와 사회, 교육 분야를 통틀어 '최고'를 달리고 있기 때문에 아직도 많은 세계인들이 미국을 표준으로 삼고 그와 함께하고 싶어 하는 것이다.

투키디데스의 함정

국제 뉴스를 살펴보면 거의 매일 빠지지 않고 올라오는 주제가 있다. 미국과 중국의 격돌이다. 미국과 중국은 왜 그리도 경쟁하는 것일까? 세계에서 가장 강한 국가 1위와 2위는 서로를 인정하며 잘 지낼 수는 없는 것일까? 여기에 답을 주는 역사적 기록이 있다.

기원전 431년, 그리스 반도에서 가장 크고 융성한 두 도시 국가는 피할 수 없는 전쟁의 소용돌이에 말려든다. 펠로폰네소스 전쟁이라 불리는 이 전쟁은, 펠로폰네소스 동맹을 이끌던 군사 강국 스파르타와 델로스 동맹을 이끌던 부강한 해양 국가 아테네의 대격돌이었다. 무려 30년 가까이 치러진 이 전쟁으로 인해 그리스 반도는 초토화되었다. 결국 펠로폰네소스 전쟁 후 승패와 상관없이 아테네와 스파르타 모두 쇠락의 길을 걷게 되었다.

당시 이 전쟁을 기록한 인물이 있었다. 바로 투키디데스Thucydides[*]다. 이 뛰어난 역사가는 단순히 전쟁의 양상을 기록하는 것에 그치지 않고, 전쟁의 바탕에 깔린 원인을 밝혀내고자 했다. 그리고 이렇게 정의했다. '전쟁이 불가피했던 것은 신흥국 아테네에 대한 패권국 스파르타의 두려움 때문이었다.'

떠오르는 신흥국과 기존의 패권국은 갈등과 충돌을 피할 수 없는데, 이를 두고 역사가와 국제 정치학자들은 '투키디데스의 함정'이라고 말한다. 그리고 하버드대학교의 그레이엄 앨리슨Graham Allison 교수는 자신의 저서인 《예정된 전쟁Destined for War》에서 지난 500년 동안 신흥국과 패권국이 충돌했던 경우를 자세히 검토 조사했다. 총 16가지의 사례가 있었는데, 이 중 12번은 전쟁으로 치달았고, 4번은 평화적인 패권 이양이 이루어졌다. 기존 패권국과 신흥국의 충돌, 현재 경제력과 군사력 1위의 미국과 그 뒤를 바짝 쫓는 중국의 이야기를 생각나게 한다.

....

[*] 고대 그리스 아테네의 역사가. 신의 개입이 없는 사실에 근거한 역사 기술로, 실증적 역사학에 시조가 되었다.

여러 나라를 묶어 'G2', 'G7'과 같이 통틀어 가리킨다. 'G'는 그룹group을 뜻하고, 뒤의 숫자는 그룹에 속한 나라 수를 의미한다. 현재 G2란 미국과 중국 두 국가를 말한다.

세계 패권을 다투는 두 국가, 미국과 중국의 패권 전쟁 이야기는 이미 오래전부터 있었다. 많은 이들이 트럼프 대통령이 들어서면서 본격적인 미국과 중국의 무역 전쟁이 시작되었다고 하지만, 그 불씨는 사실 이미 연기를 내고 있었다. 군사력에서는 미국이 아직도 압도적인 위치를 차지하고 있지만, 경제력은 중국이 20년 안에 미국을 따라잡을 것이라고들 전망하고 있다. 이러니 미국이 긴장하지 않을 수 없다. 그런데 여기서 중요한 것이 있다. 바로 기술력이다.

역사적으로 보았을 때, 기술력을 확보하지 못했던 패권국은 없었다. 신대륙 발견이 활발했던 대항해 시대에 세계를 제패했던 포르투갈과 스페인은 혁신적인 선박 건조 기술을 확보했고 나침반을 활용했다. 그리고 수학자들이 개발한 지도 기법과 천문학 기술을 통해 가까운 지중해를 벗어나 먼 인도양과 대서양까지 나갈 수 있었다. 이를 통해 귀한 향료나 자원을 수입한 것은 물론, 신대륙 탐험을 통해 식민지를 확보했다. 이에 영국은 한술 더 떠서 전함을 개발하고 항해 기술을 한층 발달시켰다.

또한 산업 혁명을 통해 확보한 증기 기관 기술은 증기선과 철도의 발전을 가져왔고, 전 세계 곳곳에 진출한 영국은 식민지로부터 착취한 자원과 물품을 대량으로 쉽게 운반할 수 있었다. 미국 역시 전기와 컴퓨터 기술을 선보이면서 20세기의 패권을 차지했다. 이렇게 역사는 기술력이야말로 진정한 세계 패권을 차지하기 위해 반드시 필요한 요소라는 것을 보여 준다.

첨단 기술은 그 자체로도 굉장한 권력이지만, 현대의 첨단 기술은 군사력과 직결된다. 첨단 기술을 이용해 보다 효율적인 공격과 방어 체계를 갖출 수 있기 때문이다. 우리가 잘 아는 내비게이션도 사실 GPS global positioning system라는 이름의 군사 기술이었다. 군사력을 위해 개발된 첨단 기술은 종종, 일반 사람들에게 보급되어 유용하게 쓰이기도 한다. 그렇다면 앞으로의 핵심 기술 분야에는 어떤 것들이 있을까?

4차 산업 혁명과 연관이 있는 많은 기술과 분야들이 첨단 기술 분야로 언급되고 있다. 반도체, 전기 자동차를 위한 2차 전지 배터리, 바이오 섹터, 인공 지능, 5G 통신과 플랫폼 그리고 빅 데이터… 듣기만 해도 첨단이 느껴지는 분야들이다. 기술력을 둔 경쟁은 경제력뿐 아니라 군사력으로도 이어질 것이고, 최고의 기술을 차지하기 위한 미국과 중국의 경쟁은 더욱 가속화될 것으로 보인다.

국제 사회의 주체는 주권 국가임. / 국제 사회의 질서를 바라보는 시각은 크게 자유주의, 현실주의, 구성주의로 나뉨. / 강대국은 하드 파워 못지않게 탄탄한 소프트 파워를 갖춤. / 투키디데스의 함정이란 패권국과 신흥국의 갈등은 피할 수 없다는 것을 말함. / 미국과 중국의 경쟁은 가속화될 것이고, 그 승패는 기술력에 달려 있음.

내셔널리즘

내
셔
널
리
즘

민족의 탄생

내셔널리즘nationalism을 번역할 때 종종 고민에 빠진다.
대체로 민족주의로 해석을 하지만, 서양에서 쓰이는
'nation'과 한국에서 쓰이는 '민족'의 개념에는 차이가 있기
때문이다. '민족은 무엇인가'라는 근본적인 질문처럼, '민
족과 민족주의는 언제 탄생했는가' 역시 뜨거운 논쟁거리
중 하나이다.

....
* 민족의 통일과 독립, 발전을 최고의 이념적 가치로 여기고 중시하는 주의

한국인에게 민족이라는 개념은 매우 익숙하다. '한민족'이라는 울타리 안에서 단군 할아버지 때부터 함께해 온 운명 공동체라고 배웠기 때문이다. 그런 이유로 고구려, 백제, 신라로 나뉘었던 삼국 시대에도 통일을 하려고 애를 썼고, 그 통일 정신이 지금까지 이어져 내려오고 있다고 믿고 있다. 그런데 여기서 역으로 질문을 해 볼 수 있다. 그렇게 통일을 염원했다면, 왜 애초부터 삼국으로 갈라져 살았을까?

단군 신화와 한민족의 개념을 바탕으로 이루어진 한국의 민족주의는 '종족적 민족주의ethnic nationalism'에 가깝다. 혈연 공동체 혹은 같은 종족이라는 사실을 정신적 기반으로 두기 때문이다. 종족적 민족주의에서는 혈연 외에도 언어, 역사, 문화와 같은 요소들을 중요시한다. 근대에 들어서 민족주의는 또 다른 의미를 갖게 되는데, 동일한 정치 시스템 가치, 법 규범을 지킴으로써 정체성을 공유하는 '시민적 민족주의civic nationalism'를 말한다.

시민적 민족주의는 국가의 평등한 구성원인 시민으로 이루어진 민족이라는 개념에서 출발한다. 이는 계급 사회를 타파하려 했던 프랑스 대혁명을 통해 모습을 드러냈다. 그리고 혁명 이후, 현실에서 민족이 주권을 행사하는 정치 주체로 등장하게 된다. 여기에 공통된 문화를 공유하기 위한 통일된 언어 공공 교육이 이루어지는 시기까지 고려한다면, 19세기 중반쯤 민족이라는 것이 자리 잡았다고 할 수 있다.

그런데, 우리가 여기서 꼭 짚고 가야 할 역사적인 해가 있다. 바로 1848년이다. 1848년은 혁명의 기운이 온 유럽을 휩쓸던 해이다. 나폴레옹 전쟁이 끝나고 유럽 국가의 대표들은 전쟁 후 문제와 앞으로의 유럽 질서에 대해 논의하기 위해 오스트리아 빈에 모이게 된다. 1814년 시작한 회의는 다음 해 6월에 끝나는데, 나폴레옹^{Napoléon}으로 인해 엉망이 된 국경선을 다시 정비하고 열강들의 이해관계를 조정하는 것이 주요 주제였다. 이 회의는 오스트리아의 메테르니히$^{Klemens\ Wenzel\ Lothar\ von\ Metternich}$가 중심이 되어 진행되었고, 10개월 가까이 걸린 이 회의에서 결정된 체제를 '빈 체제'라고 일컫는다.

그런데 이 회의에서 중요하게 논의되었던 것은 유럽의 헝클어진 영토 조정만이 아니었다. 프랑스 대혁명이 발발하고 뒤이어 일어난 나폴레옹 전쟁은 의도치 않게 프랑스의 자유주의와 평등주의 그리고 민족주의를 유럽 곳곳에 퍼뜨리는 역할을 했다. 빈 체제는 나폴레옹의 승전과 함께 유럽에 전파되었던 자유주의와 민족주의를 탄압하고, 각국에서 왕정복고*를 주도했다. 하지만 한번 뿌려진 자유주의 사상은 쉽게 사라지지 않았고, 유럽 전역에서 벌어진 시민 혁명에 의해 빈 체제는 무너졌다. 치열한 투쟁으로 자유를 얻어 낸 이들은 국가와의 합의를 통해 시민이 되기로 한다.

앤서니 스미스Anthony D. Smith는 민족 국가가 형성되는 데에는 몇 가지 조건이 필요하다고 했다. 먼저 그들의 법체계가 작용하는 명확한 영토가 있어야 하고, 사회와 정치에 참여하는 시민으로 구성되어 있어야 한다. 시민들은 국가에서 제공하는 공교육을 통해 같은 문화를 공유하는 집단으로 자리 잡게 되고, 국가 내에서 자율성을 가지고 생활한다. 간단하게 정리하자면, 정해진 영토 내에서 동질감을 갖고 사회와 정치에 참여하는 시민 집단이 민족이고 이런 이들로 구성된 국가가 민족 국가인 셈이다.

....

* 왕이 다스리는 군주 정치 체제로 되돌아가는 일

보통은 민족이 있고 이를 주체로 민족주의가 생겨났다고 생각한다. 하지만 그 순서가 틀렸다고 주장하는 학자가 있다. 근대적 민족주의 학자로 저명한 어니스트 겔너Ernest Gellner는 민족이 민족주의를 탄생시키는 것이 아니라, 반대로 민족주의가 민족을 탄생시킨다고 주장했다.

겔너는 민족이 '정치적'으로 묶여 있다는 점을 강조한다. 단순히 문화나 정신적 정체성을 공유하는 데 그치는 것이 아니라, 정치적으로 같은 민족의 지도자를 따르고, 민족적 경계선을 따라 국경을 긋고 민족 국가를 만들어 내 주권을 행사한다는 것이다. 또한 외국의 침입이 있을 경우 민족은 당연히 함께 항거하고, 외국인 지도자를 거부한다.

국가 밖으로부터 민족의 경계를 지키는 민족주의는 국가 안에서도 중요한 역할을 한다. 계몽주의*에서 탄생한 근대적 민족주의는 봉건적 질서를 거부한다. 계급 사회에서는 계급에 따른 정체성을 갖지만 민족 국가에서는 하나

....

* 구시대의 사상과 제도를 반대하며 사회를 개혁하고자 하는 주의

의 민족이라는 정체성을 모두가 공유한다. 상위 1%의 부유층이든 빈곤 계층이든, 한 민족이라는 수평적 동질감을 갖는다.

봉건적 질서가 무너졌던 근대 사회에 산업화가 빠질 수 없듯이, 민족과 민족주의의 형성에도 산업화가 자리하고 있다. 근대 이전의 세계는 작게 쪼개져 있는 사회였다. 영주 중심의 작은 촌락이 있고 농업 중심의 생활을 하고 있었다. 지역끼리의 교류도 원활하지 않았고 그렇게 단절된 채 자기들만의 방언을 사용하고 있었다. 여기에 근대화와 산업화의 파도가 밀려 들어오면서 엄청난 변화가 일어나게 된다. 사람들은 더 나은 직장을 찾아 도시로 떠나고, 교통이 발전하면서 지역 간 교류도 활발해진다. 제각각이었던 방언은 소통을 위해 표준어로 대체되고 언어의 통일이 이루어진다. 또한 직업군이 다양해지고 전문직이 생겨나면서, 일부 직업의 서민들이 부를 쌓게 된다. 귀족이나 상류 계층만 누리던 고급문화가 일반 대중에게도 퍼지게 되고, 수직적 계급 구조에도 균열이 발생하게 된다. 쪼개져 있던 사회 구조가 민족 단위로 새롭게 묶이고, 이를 유지하기 위해 공공 교육을 실시한다. 학교를 세워 공통된 문화와 역사를 가르치게 된 것이다.

물론 모든 시민적 민족주의가 정치적 의미를 갖는 건 아니라는 주장도 있다. 꼭 정치성을 가지고 있지 않더라도 문화적 요소만으로도 끈끈한 정체성을 공유하는 경우도 있다. 반대로 원초적인 종족적 민족주의 역시 정치성을 가지고 있으며, 이런 정치성은 단순 부족 사회에서도 드러난다고 종종 드러나곤 한다. 어찌 됐든, 인간은 정치 구조 안에서 살아가기 때문이다.

한국의 민족주의

그렇다면 우리가 믿어 온 한민족의 5,000년 역사는 허상일까? 이 부분에 대한 학자들의 의견은 갈리고 있다. 삼국 시대의 고구려, 백제, 신라의 갈등은 이웃한 국가들끼리의 영토 분쟁이지 통일이라는 커다란 목적을 둔 것은 아니었다고 주장하는 이들도 있다. 실제 '민족'이라는 개념이 깊이 뿌리내리게 된 것은 일제 강점기에 독립운동을 하면서부터였다는 것이다. '하나의 민족'이라는 깃발 아래 똘똘 뭉쳐 동질감을 갖게 하는 데에는 외부 침탈만큼 효과적인 것은 없기 때문이다.

물론 이미 오래전부터 한반도에 존재했던 국가들은 같은 혈통을 가진 민족이라는 정체성을 갖고 있었다는 주장도 있다. 고려의 국호를 고구려에서 가지고 왔다는 점, 조선의 국호 역시 고조선에서 가지고 왔다는 점이 주장의 근거다. 한반도의 국가들은 이전에 있었던 국가의 혈통과 역사를 이어받고자 했다는 것을 알 수 있다. 서구의 근대적 민족주의가 생겨나기 훨씬 전부터 민족 공동체의 정신을 가졌다는 것이다.

그렇다면 현재 대한민국의 국민들은 '민족'에 대해 어떤 생각을 가지고 있을까? 민족 이야기를 할 때 빼놓을 수 없는 것이 북한이다. 역대 모든 대통령과 정치인들은 '통일'을 민족적 과업으로 놓았다. 통일만큼 민족주의가 고스란히 드러나는 이슈도 없다. 이를 달성하기 위한 방법에 차이가 있을 뿐, 대한민국의 정치인이나 대통령이라면 통일에 부정적인 태도를 보일 수 없다. 그렇다면 국민들도 이런 정서를 가지고 있을까?

서울대학교 통일평화연구원에서 진행한 '2021 통일 의식 조사'에 따르면 통일이 필요하다고 응답한 비율은

44.6%로, 2007년 조사 이래 가장 낮은 수치였다. 반면 통일이 필요하지 않다는 부정적 응답은 29.4%로 꾸준히 늘어 왔다. 특히 통일에 대해 부정적인 인식은 젊은 세대일수록 강했는데, 20대의 42.9%, 30대의 34.6%가 통일이 필요하지 않다는 반응을 보였다.

6·25 전쟁이 끝난 후 남북한이 나뉘어 살아온 지 벌써 70년 가까이 되었다. 그 시간 동안 두 개의 한국은 완전히 다른 나라로 성장했다. 하나는 삼대가 세습하는 독재 국가가, 다른 하나는 경제 성장과 민주주의를 모두 이루어 낸 선진 국가가 되었다. 두 세대가 넘게 바뀌었으니, 젊은 세대에게 종족적 민족주의를 강요하며 통일을 이야기하는 것은 당연히 어려울 수밖에 없다. 게다가 한국에 일자리를 찾는 많은 외국인들이 유입되고 다양한 국적과 문화가 공존하게 되면서, 종족적 민족주의에 기반한 경계가 점차 옅어진 것도 사실이다. 통일이라는 민족적 과업을 해결하고 개방된 국제도시 혹은 국가로의 위치를 함께 만족시킬 방법이 과연 있을까?

지구촌에서 매우 민감한 문제 중 하나가 이민일 것이다.
전 세계에서 가장 많은 이민자들이 몰리는 국가는 누가
뭐래도 미국이다. 1960년부터 2020년까지 5,000만 명이
넘는 사람들이 미국에서의 삶을 선택했고 또 현재 살아가
고 있다. 그 뒤를 독일, 사우디아라비아, 러시아 그리고 영
국이 잇고 있다. 이민자가 몰리는 곳은 대체로 비슷한 특
징이 있는데, 먼저 그 지역에서 강대국이거나 경제적으로
윤택하다는 것이다. 돈이 몰리는 곳에 일자리가 생겨나기
마련이고, 당연히 일자리를 찾아 타국에서 건너오는 사람
들도 많아질 수밖에 없다.

　물론 국가마다 이민의 이유는 조금씩 다른데, 사우디
아라비아의 경우 주변 중동 국가에서 일자리를 찾아 모인
이민자들이 대부분이다. 유전 시설이 막대한 만큼 인력도
필요하기 때문이다. 독일의 이민 역사는 유럽 역사와 많
이 겹친다. 통일 전에는 동부 유럽이나 중부 유럽에 살고
있던 독일인들이 전쟁을 일으킨 전범국 국민이라는 이유
로 쫓겨나 고국으로 돌아오는 경우도 있었고, 특별 직군
에 한해 정부의 초청을 받아 들어오기도 했다. 우리나라

에서 1960~1970년대에 독일로 파견 간 간호사와 광부 스토리가 이에 해당한다. 동독과 서독이 통일된 후에는 유고슬라비아 내전과 보스니아 내전으로 인한 난민을 받아들이기도 했고, 2015년 시리아 내전으로 어마어마하게 불어난 난민들이 독일로 향하기도 했다.

미국은 이민자들이 세운 국가라는 말을 할 만큼 이민이 익숙한 국가이다. 미국인들에겐 '몇천 년의 역사를 공유하는 민족'이라는 말 자체가 매우 어색할 것이다. 그만큼 다양한 배경과 역사를 가진 이민자들이 모여 새로운 국가 정체성을 갖고 살아가는 곳이다. 그럼에도 불구하고 미국인들의 국가에 대한 자부심과 애국심은 전 세계에서 가장 높은 수준이다. 2022년 유고브(YouGov)라는 세계적 여론 조사 기관에서 진행한 조사에 따르면, '내 고국은 전 세계 최고의 국가이다'라는 항목에 가장 높은 비율로 '그렇다'고 응답한 국가는 미국이었다. 41%의 미국인 응답자들은 이 문구에 그렇다는 대답을 내놓았다. 2022년 기준으로 미국 전체 인구의 15%가 외국에서 태어나 이민을 온 사람들이고, 나머지 85%의 조상도 따라 올라가 보면 지구 곳곳에 흩어져 있던 사람들이다. 그럼에도 이렇게 강한 애국심과 자부심을 가진다는 것은 미국이라는 국가가 만들어 온 시민적 민족주의가 얼마나 견고한지 단적으로 보여 준다. 그리고 어쩌면 그것은 종족적 민족주의를 뛰어넘을 만큼 강한 힘을 갖고 있는지도 모른다.

민족주의는 종족적 민족주의와 시민적 민족주의로 나눌 수 있음. / 민족은 민족주의가 만들어 낸 개념이라는 주장도 있음. / 산업화가 전개되면서 시민적 민족주의가 중요한 국가 이념으로 등장함. / 한국의 민족주의는 종족적 민족주의에 가까움. / 미국의 시민적 민족주의는 강한 결속력과 애국심을 보여 줌.

데모크라시

데모크라시

민주주의의 출발

민주주의의 시작점은 어디인가? 우리는 고대 그리스의 아테네라고 답한다. 아크로폴리스와 아고라에서 민회 대표들과 정부 관리들이 모여서 자유롭게 의견을 말하고 논쟁을 벌였다. 그렇게 도시 국가 아테네에서 시민이 주인이 되는 민주주의가 태어났다.

　　민주주의라는 의미의 데모크라시democracy 역시 그리스어에 어원을 두고 있다. 'demo'는 고대 그리스어로 도시 국가에 사는 '민중'을 뜻한다. 누구는 이것이 '다수'

를 의미한다고도 한다. 여기에 지배 혹은 권력을 뜻하는 'kratos'가 합쳐져서 'democracy'가 된 것이다. 즉, 민중 혹은 다수의 구성원이 권력을 가지는 정치 시스템을 데모크라시라고 하겠다.

민주주의가 아테네 시민들에 의한 정치라고는 하지만 실제로 정치에 참여할 수 있었던 시민들은 극히 제한적이었다. 당연히 외국인이나 노예는 제외되었고, 여성 역시 참여할 수 없었다. 사실 고대 아테네뿐 아니라 먼 훗날 등장하게 되는 근대 민주주의 시대에도 여성이 본격적으로 정치에 참여해서 목소리를 내기까지는 상당한 시간이 걸렸다.

노예, 여성, 어린아이를 제외한 아테네의 남성 시민들은 함께 모여 정책을 세웠는데, 정책 결정 과정은 '민회'를 통해 이루어졌다. 종종 아테네 민주주의에 위협이 되는 인물이 있을 때에는 투표를 통해 추방을 결정하기도 했다. 도자기 조각에 추방해야 하는 위험인물의 이름을 쓰는 이 비밀 투표를 도편 추방제라고 했는데, 영화 〈300: 제국의 부활〉로도 잘 알려진 살라미스 해전에서 페르시아군을 물리친 영웅 테미스토클레스도 도편 추방을 당했다. 아테네에서 가장 영향력 있는 정치가였던 페리클레스는 도편 추방을 이용해 정적인 키몬을 추방시키기도 했다. 이렇게 도편 추방제는 정적을 견제하고 제거하는 용도로 사용되기도 했다.

공화정과 로마

근대 민주주의로 넘어가기 전에 잠시 짚고 가야 할 곳이 있다. 바로 로마이다. 로마에서는 공화제를 시행했는데, 공화제란 군주 혼자가 아니라 시민들이 함께 협의해서 통치하는 제도를 말한다.

　기원전 509년 왕정을 무너뜨린 로마의 귀족들과 평민들은 왕 혼자 권력을 차지하고 통치하는 왕정이 아닌 공화정을 채택한다. 로마인들은 공화정이 국가 운영을 공적인 차원에서 이익을 추구하는 공공의 행위라 여기며, 한 사람이 권력을 독차지하는 것을 타파하고자 했다. 로마 공화정은 크게 세 가지 기구를 통해 운영되었는데, 행

....

* 정치에서 대립되는 처지에 있는 사람

정 및 군사권을 가진 집정관, 귀족을 대표하는 원로원 그리고 평민을 대표하는 민회가 그것이었다. 사실상 원로원과 집정관의 권한이 컸기 때문에 소수의 귀족이 운영하는 시스템으로 이어지게 되었고, 이에 불만을 품게 된 평민들은 투쟁에 나섰다. 그렇게 탄생한 것이 평민들을 대표하는 호민관이다. 로마를 지칭하는 이름으로 SPQR Senatus Populus que Romanus이 있는데, 이는 '로마의 원로원과 민중'이라는 뜻이다. 지금도 이탈리아 로마에 가면 수많은 공공건물이나 맨홀 뚜껑 등에 이 라틴어 문구가 적혀 있다.

영국의 명예혁명

비록 고대 아테네에서 민주주의의 싹이 났다고 하지만, 이는 곧 묻히고 만다. 중세로 접어들면서 서구는 종교가 지배하는 세계가 되었기 때문이다. 민주주의의 싹이 다시 자라기 시작한 것은 시민 계몽사상의 발전과 더불어 이에 부응하는 혁명들이 발발하면서부터였다. 가장 대표적으로 들 수 있는 것이 영국의 명예혁명, 미국의 독립 전쟁 그리고 프랑스 대혁명이다.

1688년에 일어난 명예혁명은 의회와 끊임없이 충돌하던 제임스 2세를 끌어내린 혁명이다. 혁명하면 으레 따르는 전쟁이나 인명 희생이 없었다고 해서 명예혁명이라 부른다. 당시 국왕이었던 제임스 2세는 가톨릭을 부활시키는 과정에서 의회와 마찰이 있었고, 결국 의회는 제임스 2세 대신 다른 왕을 세우려고 한다. 그러면서 찾아낸 것이 제임스 2세의 딸 메리 2세와 그녀의 남편인 네덜란드 총독 윌리엄 3세였다. 의회는 이들에게 폭정에 시달리는 국민을 저버리지 말고 귀국해 달라고 요청한다.

결국 제임스 2세는 왕위에서 쫓겨나고 메리 2세와 윌리엄 3세의 통치가 시작된다. 권력을 놓고 절대 군주와 의회 사이에 벌어졌던 줄다리기가 의회의 승리로 마무리된 것이라 할 수 있다. 이 시기부터 영국은 산업 혁명의 기초를 다지고 금융 강국으로 성장하는 동시에, 의회 민주주의 국가로서의 시작을 알리게 된다.

그리고 윌리엄 3세가 서명한 권리 장전이 새 정치의 주춧돌이 되었다. 국왕이 의회의 동의를 거치지 않고 마음대로 권력을 휘두를 수 없다는 조항들과 함께, 권리 장전은 의회 정치의 시대를 열었다.

다음으로 중요한 것이 미국의 독립 전쟁이다. 독립 전쟁은 영국 조지 3세 국왕의 세금 정책에 반발한 아메리카 대륙의 13개 식민지가 함께 대항해 일으킨 전쟁이다. 미국의 독립 선언서는 추후 제3 대 대통령이 되었던 토머스 제퍼슨Thomas Jefferson이 작성했는데, 문장이 훌륭하고 아름답기로 유명하다.

미국의 독립 선언서는 세 부분으로 나누어 볼 수 있다. 첫 부분에는 민주주의와 자유에 대한 철학적 설명이 담겨 있고, 다음으로 미국이 독립을 결심할 수밖에 없게 만든 조지 3세의 여러 가지 실정*을 이야기한다. 그리고 마지막에는 독립에 대한 미국인의 결연한 의지를 표현한다. 특히 '모든 인간은 평등하게 태어났고 신으로부터 누구에게도 양도할 수 없는 권리를 부여받았다. 그 권리 중에는 생명과 자유와 행복 추구가 있다'라는 천부 인권**에 대한 구절은 정말 유명하다. 더불어 폭정을 일삼는 정부를 무너

---

* 정치를 잘못함 또는 잘못된 정치
** 자연법에 의하여 인간이 태어나면서부터 가지고 있는 권리

뜨리고 새로운 정부를 세우는 것은 시민의 권리라는 점을 명확히 하면서, 국민이 주인이 되는 민주주의를 주장하며 국왕에 맞서 새로운 정부를 세울 것을 당당히 요구한다. 당시 군주제에 대항해 시민이 이끌어 가는 민주 공화국을 꿈꾸고 세웠다는 점은 가히 혁명적인 일이기에, 미국 독립 전쟁을 독립 혁명American Revolution이라 부르기도 한다.

프랑스 대혁명

마지막으로 프랑스 대혁명을 빼놓을 수 없다. 미국이 영국으로부터 독립한 지 얼마 지나지 않아 프랑스에서도 혁명의 바람이 불었다. 영국의 명예혁명이 의회와 왕권의 다툼이었고, 미국의 독립 혁명은 민주 공화정을 시도하는 국가가 건국된 예라면, 프랑스 대혁명은 과거의 봉건적 질서가 해체되고 절대 왕권이 무너진 시민 혁명이었다. 프랑스 시민들은 평등과 자유라는 천부 인권을 선언하면서 구시대 질서를 무너뜨리고 시민이 이끌어 가는 공화국을 세우겠다고 선언했다.

하지만 프랑스 대혁명이 있고 제대로 된 민주 공화정

이 들어서기까지, 프랑스는 많은 부침을 겪었다. 수많은 사람들이 단두대에서 목숨을 잃었고, 나폴레옹의 등장과 유럽 정복 전쟁이 있었다. 황제의 자리에 오른 나폴레옹이 사망한 후 유럽은 다시 과거의 체제로 돌아가는 모습을 보이기도 했다. 하지만 한번 뿌려진 자유 민주주의의 씨앗을 되돌릴 수는 없었다.

계몽주의와 민주주의

혁명은 혁명적 발상이 있어야 가능하다. 18세기 말 잇따른 혁명의 철학적 배경이 된 사상은 계몽주의이다. 계몽주의에 속한 철학자들은 많지만, 혁명에 영향을 미친 대표적인 철학자로는 두 사람을 들 수 있다. 영국의 존 로크John Locke와 프랑스의 장 자크 루소Jean Jacques Rouseau이다. 로크의 사회 계약론은 미국의 독립 혁명에 큰 영향을 미쳤고, 루소의 철학은 프랑스 대혁명의 뿌리가 되었다.

그런데 이 두 사람을 살펴보기 전에, 토머스 홉스의 철학을 먼저 이해해야 한다. 《리바이어던Leviathan》으로 유명한 홉스는 자연 상태에서 모든 인간은 평등하다는 것을 전제로 하는, 그야말로 획기적인 생각의 전환을 가져온 철학자이다. 홉스에 따르면, 자연은 모든 인간을 평등하게 창조했다. 하지만 인간은 부족한 자원을 확보하기 위해 경쟁을 하고 서로를 적대시한다. '만인의 만인에 대한 투쟁' 상태에 돌입하게 되는 것이다.

정글처럼 무자비한 경쟁 속에서 나약한 인간은 자신을 보호해 줄 사람을 원하게 되는데, 그 사람이 바로 절대 권력을 가진 지배자 리바이어던이다. 지배자는 자신이 보호자 역할을 해 줄 테니 대신 개인들은 자연권 일부를 포기하라는 계약을 요구한다. 한번 양도된 권리는 다시 되돌릴 수 없고, 계약은 일반적인 계약과 달리 신의 계약 covenant 이기에 깰 수도 없다. 그렇게 개인의 자연권이 모여서 군주의 권한이 되고, 이것은 절대 군주제의 명분이 된다.

여기서 로크는 한 걸음 더 개인의 입장에 다가간다. 로크 역시 자연 상태에서 인간은 자유롭고 평등하다고 가정한다. 그리고 그곳엔 그 누구도 다른 이의 생명과 안위, 자유나 사유 재산을 빼앗아서는 안 된다는 자연법이 존재한다. 하지만 자연 상태에서는 이 자연법을 어기는 사람을 제어하거나 처벌할 수 있는 권력자가 없어서 나를 보호하기 어렵다. 그래서 홉스처럼 정부와 거래를 한다.

여기까진 홉스와 비슷하다. 하지만 로크의 사회 계약론이 홉스의 리바이어던과 결정적으로 다른 점은 이 권력을 절대적인 것으로 보지 않는다는 것에 있다. 만일 권력이 제대로 행사되지 않고 개인을 탄압하는 데에 쓰인다면, 이는 권력자의 계약 위반이다. 따라서 민중은 권력자에게 복종하지 않고 권력을 빼앗아 올 권리가 있다. 불복종의 권리를 보장한다는 점에서 홉스보다 훨씬 진보적인 셈이다.

로크는 명예혁명 즈음의 인물인데, 당시에는 너무 급진적이라는 평가를 받았다. 하지만 추후 미국의 독립 혁명에 큰 영향을 주었다. 결국 '과도하고 부당한 세금'을 매긴 조지 3세는 개인의 사유 재산권*을 침해했기 때문에, 미국의 시민들은 이에 불복종하고 정부를 바꿀 수 있는 권리를 주장하게 된 것이다.

....

* 개인 또는 사법인이 재산을 소유하고 그것을 자유의사에 따라 관리·사용·처분 할 수 있는 권리

루소의 자연인은 홉스나 로크의 그것과 사뭇 다르다. 루소는 원래 인간은 선하게 태어났지만, 사회와 문명에 의해 타락하게 되었다고 본다. 로크와 가장 대비되는 점은, 로크는 사유 재산권을 자연권으로 보았지만, 루소는 사유 재산으로 인해 인간은 불평등해졌다고 본 점이다. 특히 이것이 타락의 근원이라 보았다. 또한 루소의 사회 계약은 누군가에게 관리와 통치를 맡기는 것에 대한 계약이 아니라, 공동체에 대한 사회 구성원들의 계약이다. 루소는 의회 역시 그다지 신뢰하지 않기 때문에, 주권을 가진 국민들이 직접 민주주의를 시행해야 한다고 믿었다. 루소의 철학은 프랑스 혁명에 지대한 영향을 주었다.

대의 민주주의

현대 민주주의는 다양한 집단이 차별 없이 정치에 참여하는 과정에서 발전했다. 19세기부터 노동자, 여성, 흑인 등 사회에서 소외받던 이들이 자신들도 투표를 통해 정치에 참여하겠다는 의지를 보이게 된다. 그 결과, 선거권은 점차 확장되었고 성별, 재산 정도, 인종 등과 상관없이 일정한 나이가 되면 모두 선거에 참여할 권리가 주어지는 보통 선거 제도가 확립되었다.

현재 민주주의 국가들은 대체로 대의 민주주의 제도를 택하고 있다. 대의 민주주의란 유권자가 선출한 대의원을 통하여 국민이 간접적으로 정치에 참여하는 것을 말한다. 현대 사회에서 그 많은 인구가 모든 이슈에 찬반 투표를 하면서 결정할 수는 없기 때문이다. 물론 정말 중요한 일만큼은 모든 국민에게 의견을 묻는 국민 투표를 통해서 결정하기도 한다. 예를 들면 헌법 개정과 같은 문제는 국회에서 처리하게 두지 않고 국민의 뜻을 묻는다. 그 외에도 선출된 정치인이 부정을 저질렀을 경우 다시 한번 투표를 통해 끌어내리는 국민 소환제라든지, 직접 국민이 법안을 발의하는 주민 발안 혹은 국민 발안제는 대의 민주주의의 약점을 보완하는 직접 민주주의의 형태라고 할수 있다.

민주주의의 미래

그렇다면 전 세계에는 얼마나 많은 민주주의 국가가 있을까? 전 세계의 여러 기관에서 각 나라의 민주주의와 자유의 척도를 측정하는 지수를 매년 발표하고 있다. 잘 알려진 기관으로는 그 나라의 자유의 척도를 재는 프리덤 하우스Freedom House, 민주주의 수준을 재는 폴리티 프로젝트Polity Project 그리고 브이뎀Varieties of Democracy 등이 있다.

이 중 브이뎀 지수를 살펴보면, 안타깝게도 민주주의는 전 세계적으로 퇴색하는 추세이다. 현재 전 세계 자유민주주의 국가의 숫자는 1970년대나 1980년대보다는 많지만, 2010년 이후 계속 하락세이다. 2021년에는 완벽한 자유 민주주의 국가라고 부를 수 있는 국가의 숫자가 34개국으로 나타났는데, 이는 약 10년 전인 2012년의 42개국에 비해 확연히 줄어든 수치이다. 보고서는 특히 아시아 태평양 지역, 동유럽, 중앙아시아 그리고 라틴 아메리카에서 자유 민주주의의 후퇴가 눈에 띈다고 지적하고 있다. 선거는 치르지만 사실상 권위주의 국가로 분류되는 국가들의 숫자가 가장 많고 그 범주에 드는 국가들은 계속 늘어나고 있다.

많은 국가의 국민 역시 민주주의에 회의를 느끼고 있었다. 퓨 리서치 센터Pew Research Center가 2019년 34개국 국민을 상대로 진행한 글로벌 애티튜드 서베이Global Attitude Survey에 따르면, 평균적으로 44%의 응답자들만이 민주주의에 만족한다고 대답했다. 만족스럽지 않다고 답한 응답자는 절반이 넘는 51%였다. 이 조사에는 유럽 14개국, 우크라이나와 러시아, 아시아 6개국, 중동의 4개국, 아프리카 3개국, 중남미 3개국 그리고 미국과 캐나다가 포함되었다.

그런데 한 가지 흥미로운 점을 발견할 수 있었다. 불평등이 심하고 경제 상황이 안 좋은 국가의 국민일수록 자국의 민주주의에 만족하지 못하고 있다는 점이었다. 예를 들어, 영국과 미국의 경우 불만족스럽다는 응답이 각각 69%와 59%로 매우 높았다. 미국과 영국은 선진국이지만 소득 불평등을 측정하는 지니 계수가 매우 높은 국가들이다. 불행히도 한국 역시 낮은 편은 아니었다. 현재 한국의 민주주의가 만족스럽지 않다는 응답이 44%나 되었기 때문이다.

1990년대 초반, 동유럽 사회주의 블록이 무너지고 이들 국가에 민주주의의 바람이 불 때, 많은 이들은 민주주의의 핑크빛 미래를 꿈꾸었다. 불과 한 세대 만에 이렇게 변할 거라고 상상한 사람은 별로 없었다. 결국 경제 문제가 실마리가 되었음을 알 수 있는데, 경제 상황이 나빠지면서 포퓰리즘* 성향의 정치인들이 득세하고 권위주의 정부가 힘을 얻게 되면서 민주주의가 훼손된 것이다. 민주주의는 한번 획득했다고 영원히 유지되지 않는다. 우리가 생각하는 것보다 취약한 시스템이다. 그러므로 이를 지켜나가기 위해 민주 시민은 항상 긴장하고 있을 필요가 있다.

....

* 인기를 좇아 대중을 동원하여 권력을 유지하려는 정치적 태도나 경향

고대 민주주의는 아테네로부터, 근대 의회 민주주의와 공화주의는 영국과 미국으로부터 출발함. / 고대와 근대의 민주주의는 재산이 있는 남성에게만 정치 참여의 기회를 주는 제한적 민주주의였음. / 명예혁명과 미국의 독립 전쟁 그리고 프랑스 대혁명을 통해 자유 민주주의의 토대를 마련함. / 최근 많은 국가에서 포퓰리즘과 권위주의가 힘을 얻고 있음. / 민주주의를 지키기 위한 성숙한 시민 정신이 필요함.

ㄹ

롤스와 정의

ㄹ 롤스와 정의

공리주의

2010년 즈음, 한국 서점가를 휩쓴 책이 있었다. 하버드대학교의 마이클 샌델Michael J. Sandel 교수의 저작인 《정의란 무엇인가Justice》였다. 책 내용은 공리주의와 자유주의 그리고 그 안에서 사회적 정의와 도덕에 대한 고찰을 권장하는 것이었다. 샌델 교수는 주입식 교육에 익숙한 우리

....

＊ '최대 다수의 최대 행복'을 추구함으로써, 개인의 쾌락과 사회 전체의 행복을 조화시키려는 사상

에게 직접 답을 주지는 않은 채, 계속해서 논쟁이 될 만한 질문과 답변 그리고 재질문을 반복하는 방식으로 '생각'을 하게끔 한다.

샌델 교수의 정의론을 이해하기 위해서는 사실 빼놓을 수 없는 인물이 있다. 바로 존 롤스John Rawls다. 정의와 관련한 현대 철학 논쟁의 중심에 서 있는 롤스는 공리주의를 비판하며 자신의 담론을 시작한다. '최대 다수의 최대 행복'이라는 문장으로 잘 알려진 공리주의는 제러미 벤담Jeremy Bentham, 존 스튜어트 밀John Stuart Mill 등 경험론*적 철학자들에 의해 주장되었다. 공리주의에 대해서는 다음의 예시를 통해 잘 이해할 수 있을 것이다.

테러리스트를 붙잡았다. 그는 서울의 가장 높은 고층 빌딩에 폭탄을 설치해 두었다. 수천 명의 목숨을 구하기 위해서는 그에게서 폭탄을 숨긴 장소를 알아내어 얼른 제거해야 한다. 그런데 이 테러리스트는 입을 꾹 다물고 절대로 그 장소를 이야기하지 않는다. 무슨 수를 써서라도,

....

* 인식·지식의 근원을 오직 경험에서만 찾는 철학적 입장 및 경향

고문을 해서라도 우리는 폭탄이 숨겨져 있는 장소를 알아내야 할까?

공리주의자라면 아마도 고문을 해서라도 혹은 그 이상의 비윤리적인 방법을 써서라도 폭탄이 숨겨져 있는 장소를 알아내야 한다고 할 것이다. 다수의 안전과 행복을 위해 소수인 (게다가 테러리스트이기까지 한) 범인의 희생은 불가피하기 때문이다. 사실 여기에서는 테러리스트를 예시의 주인공으로 놓았기 때문에 양심의 가책에서 약간 벗어날 수 있겠지만, 세상에서 맞닥뜨리는 선택의 순간들은 그렇게 녹록하지 않다. 개인보다 앞서는 공공의 이익이 어디까지 용납되어야 하는지, 사회적 합의를 통해 그 한계점을 정하기가 쉽지 않기 때문이다.

무지의 베일

롤스의 정의론은 공리주의의 이러한 비자유주의적인 부분을 비판했다. 공리를 위해 개인의 자유를 침해하는 것에 반대했기 때문이다. 그렇다고 해서 개인의 자유가 절대 선인 것처럼 최대치로 확보되는 것에도 의문을 가졌다. 최대한의 자유로 인해 피해를 입는 취약 계층이 있기 때문이다.

롤스는 마치 로크가 그랬듯 원초적인 상태로 되돌아가서 공정한 원칙에 합의하는 것에서 정의를 시작하자고 제안한다. 원초적 입장original position의 인간은 두 가지 특징을 가진다고 가정하는데, 먼저 타인에 대해 무관심하다는 것이다. 인간은 오로지 자기 일에만 관심이 있다. 아니, 사실 자신에 대해서도 무지하다고 할 수 있다. 즉, 내가 어떤 재능이 있고 성격이 어떠한지, 육체적으로 뛰어난 조건을 갖추고 있는지 아니면 지능이 뛰어난지 등에 대해 알지 못한다. 다만 내가 살게 되는 세상의 정치 상황이나 기본적인 경제적 지식, 인간 심리에 대한 일반적인 지식은 가지고 있는데, 이 지식을 통해 '정의' 혹은 '정의로움'에 대한 감각을 유지할 수 있다. 롤스는 이러한 인간의 상태를 '무지의 베일veil of ignorance 뒤에 있다'고 표현한다.

예를 들어, 함께 먹을 피자를 내가 나눈다고 가정해 보자. 어떤 조각을 내가 가지게 될지 모른다면, 가장 작은 조각의 크기를 최대한 크게 자르려고 할 것이다. 그 가장 작은 조각을 내가 갖게 될 수도 있기 때문이다.

롤스는 이런 무지의 베일 상태에서 인간은 정의의 기준에 대해 공정하게 합의에 이를 수 있다고 보고 있다. 타인뿐 아니라 자신의 상태에 대한 정보가 없기 때문에, 좀 더 솔직히 말하면 자신이 언제든지 약자가 될 수도 있다고 생각하기 때문에 가장 공정한 방식으로 합의에 이를 것이다.

이때 두 가지 원칙이 작용하는데, 첫 번째는 자유의 원칙으로, 모두 평등한 자유를 누릴 수 있어야 한다. 두 번째 원칙은 차등의 원칙이다. 차등의 원칙은 다시 두 가지로 나뉘는데, 하나는 기회가 균등하게 주어져야 한다는 원칙이고, 다른 하나는 사회에서 가장 소외받고 차별받는 취약 계층의 이익이 극대화되는 경우에만 불평등을 허용한다는 원칙이다. 물론 자유의 원칙이 가장 우선된다.

롤스의 이론은 차등의 원칙에서 취약 계층의 이익을 확대해야 한다는 부분 때문에 '분배적 정의'로 규정되곤

---

* 각자에게 정당한 자신의 몫을 누리게 하고, 아무도 불만을 갖지 않는 방식으로 분배하는 것

한다. 그리고 종종 복지 국가의 철학적 토대를 제공했다
고 평가받는다.

롤스의 이론에 가장 강경한 반대의 입장을 가졌던 사람은
같은 하버드대학교 교수였던 로버트 노직Robert Nozick이다.
노직은 자연권을 가진 개인을 최대한 보호하고 국가의 개
입은 최소화해야 한다는 입장이다. 그리고 소유권은 자연
이 준 정당한 권리라고 생각했기 때문에, 어떤 이유로든
재분배를 주장하는 롤스의 정의를 받아들이지 않았다.

예를 들어, 당대 최고의 농구 스타인 월트 체임벌린은
소속되어 있는 팀이 경기 입장료로 벌어들이는 수입의 일
부를 받게 되어 있었다. 그의 경기를 보러 오는 관객들 대
부분은 당연히 체임벌린보다 훨씬 소득이 낮을 것이다.
어쩌면 일용직 노동자도 있을 수 있다. 만일 롤스의 정의
론대로라면, 체임벌린은 자신이 구단으로부터 받은 입장
료 수익의 일부를 그들과 나누는 것이 정의로운 행동이
다. 왜냐면 체임벌린의 수익은 그의 경기를 보러 온 관객

이 있었기에 가능한 것이고, 그의 막대한 연봉에 관객과 팬도 일정 부분 기여한 바가 있기 때문이다. 하지만 노직의 의견은 다르다. 경기를 보러 온 것은 그 사람의 경제 상황과 상관없이 관객 자신이 선택한 결과이다. 즉, 이런 선택은 그 사람의 소득과 상관없는 정당한 거래일 뿐이라는 것이 노직의 의견이다.

특히 행운luck으로 인한 불평등에 대해 롤스는 분배적 정의를 강조하는 반면, 노직은 그것 역시 그가 누려야 할 당연한 권리라고 주장한다. 예를 들어 롤스는 마이클 조던과 같은 재능을 갖고 그 시대에 태어나 활동할 수 있었던 것은 '운'이 작용한 것이라고 본다. 그러나 노직은 그런 재능과 더불어 피나는 노력이 있었기에 마이클 조던이라는 슈퍼스타가 있었던 것이고, 따라서 그에게 온전한 소유권을 인정해야 한다는 입장이다. 물론 롤스는 여기에 피나는 노력을 하는 습관 역시 그가 타고난 '운'에서 비롯된 것이라 본다.

노직의 이론은 매우 간결 명료하다. 개인의 자유에 초점을 맞추고 이를 침해해서는 안 된다는 주장으로 롤스의 분배적 정의에 맞서고 있다.

분배적 정의를 두고 대결하고 있지만, 롤스도 노직도 결국 개인의 자유를 중요시하는 자유주의의 전통을 따르고 있다. 그런데 자유주의가 아닌 공동체주의를 내세우며 노직과는 또 다른 시각에서 롤스의 정의론을 비판한 철학자가 있다. 바로 마이클 왈저Michael Walzer이다. 그의 이론은 공동체주의의 중요한 축을 담당한다. 왈저에 의하면 롤스의 정의론은 개인을 고립된 존재로 전제한, 지나치게 추상적인 이론이다. 왈저는 이런 전제는 보편적이지도 또 현실적이지도 않다고 지적한다.

현대 사회가 발전함에 따라 이를 바라보는 시각도 세분화하고 현실에 눈높이를 맞춰야 할 필요가 생겼다. 특히 다원화된 현대 사회는 하나의 보편적 이론으로 설명하기 어려울 뿐 아니라, 추상적인 철학적 가치보다 실제 삶에 적용될 수 있는 가치가 더 요구된다.

롤스의 정의론 안의 개인은 '원초적 입장'을 가진 자유

* 공동체의 가치를 강조하며, 공동체의 행복을 위해 개인에게 의무를 제시하는 정치 철학적 입장

로운 존재이다. 롤스는 개인의 사회적 관계를 소홀하게 다루는데, 이는 현실과 동떨어진 시각이다. 현실에서의 개인은 공동체와 그 안에서의 사회적 관계를 떼어 놓고 생각할 수 없는 존재이다. 따라서 정의 역시 개인이 속한 공동체의 특성에 따라 규정될 수 있다. 왈저는 특히 민족적, 문화적 복합성을 고려해야 한다고 주장한다.

왈저는 분배가 되어야 할 정의의 영역을 11개의 가치로 구분했는데, 공동체 구성원 자격, 안전과 복지, 돈, 공직, 노동, 여가, 교육, 가족과 사랑, 종교적 은혜, 명예, 정치권력이 그것들이다. 그리고 이들의 의미와 가치는 공동체 안에서 결정된다. 중요한 점은 어느 한 가치가 다른 가치를 얻는 데 사용되면 사회는 불평등해진다고 보았다는 것이다.

그가 말하는 복합적 평등은 '전제 tyranny'에 반대하는 것이다. 즉, 하나의 분야에서 월등한 위치를 차지한 사람이 그것을 이용해 다른 분야에서까지 월등해지려는 것이 전제이고, 복합적 평등을 이루고 정의로운 사회를 만들기 위해서는 이러한 남용을 막아야 한다. 예를 들어, 돈이 많은 사람이 그 돈을 이용해서 공직을 사고 정치권력까지

탐해서는 안 된다는 것이다.

왈저의 이론은 상황적 특성과 공동체의 다양성을 고려해야 하기 때문에 보편적 규범을 정해 두지 않는다는 점에서 위험을 안기도 한다. 가장 일반적인 공동체인 국가마다의 특수성을 인정하고 그 안에서의 공동체 의식을 강조하다 보면, 자칫 전체주의*로 빠질 수 있기 때문이다.

《정의란 무엇인가》의 마이클 샌델은 다양한 사회관계 속에서 개인의 정체성이 만들어진다고 보고 있다. 왈저와 마찬가지로 상황에 의해 영향을 받지 않는 개인을 전제로 하는 이론은 현실적이지 않다고 보는 대표적인 공동체주의자이다. 최근의 저작인 《공정하다는 착각The Tyranny of Merit》 역시 공동체 안의 개인을 중심에 두고 이야기를 펼쳐 나간다. 그 누구도 공동체의 도움 없이 혼자만의 능력으로 성공하지 않으며, 그런 까닭에 공동체의 다른 구성원에 대한 존중과 보답의 정신을 잃어서는 안 된다는 주장이 담겨 있다.

....

* 개인의 모든 활동은 전체, 즉 민족 국가의 존립과 발전을 위해 바쳐져야 한다는 이념 아래 국민의 자유를 억압하는 사상

롤스는 공리주의를 위해 개인의 자유를 침해하는 것에 반대하며, 자유주의 시각의 정의론을 주장함. / 무지의 베일 상태에서 합의한 정의의 기준은 약자에 대한 최소한의 보호를 의미함. / 노직은 어떤 정의도 개인의 소유권과 자유를 침해해선 안 된다고 주장함. / 왈저는 공동체주의적 관점에서의 정의를 주장함.

미디어

미디어

언론

우리는 미디어media가 지배하는 사회에 살고 있다. 그리고 정치와 미디어는 떼려야 뗄 수 없는 관계이다. 심지어 텔레비전 정치를 의미하는 텔레크라시telecracy, 미디어 정치를 뜻하는 미디어크라시mediacracy라는 합성어도 존재한다. 언론을 뜻하는 미디어는 라틴어로 가운데, 중간, 매체를 뜻하는 'medium'에서 온 말이다. 신문, 텔레비전, 인터넷이 우리와 세상 사이에서 소식을 전달하며 중간자 역할을 하는 것을 의미한다.

언론의 기원은 아주 오래전으로 거슬러 올라간다. 고대 로마 시대까지 갈 수 있는데, 율리우스 카이사르Julius Caesar가 정치적 목적으로 언론을 활용한 바 있다. 원로원의 결의 사항부터 출생과 부고를 알리는 사적인 소식을 석고판이나 금속판에 새겨 로마 광장에 전시하게 했는데, 이를 '악타 디우르나Acta Diurna'라고 부른다. 카이사르는 이것을 이용해, 원로원의 정보 독점을 깨고 회의 내용을 민중파에 알려 힘을 키웠다. 일종의 신문 역할을 했던 악타 디우르나를 미디어의 원조로 본다. 라틴어로 매일매일 기록하는 보고를 뜻하는 'diurna'는 언론, 저널리즘journalism의 어원이기도 하다.

벽보를 붙인다든지 정부의 결정을 알리기 위해 방을 붙이는 것도 일종의 언론이라고 할 수 있겠지만, 많은 이들에게 정보를 전달하는 매체의 의미를 가진 매스 미디어mass media가 등장하게 된 데에는 계기가 있었다. 바로 인쇄술이다. 이전까지는 정보를 전달하는 '문헌'이나 '책'은 사람이 직접 손으로 쓰고 작업하는 필사본이었기에 구하기도 힘들고 무척이나 비쌌다. 그러나 금속 활자가 발명되고 대량으로 책을 찍어 낼 수 있게 되면서, 인쇄물의 가격이 낮아졌고, 인쇄물을 이용한 매스 미디어가 등장하게 되었다. 현재 인터넷의 블로그나 SNS를 통해 누구나 의견을 말하고 글을 쓸 수 있게 된 것과도 같다.

근대에 들어와서 혁명이 발발했던 고비마다 중요한 역할을 했던 것이 언론이었고, 미국 건국의 아버지인 토머스 제퍼슨은 "신문이 없는 정부와 정부가 없는 신문 중 하나를 고르라면, 나는 주저하지 않고 후자를 택하겠다."라고도 했다. 미국 수정 헌법 1조는 '언론의 자유'를 명시하고 있다. 그만큼 언론의 자유는 중요하다. 한 국가의 민주주의의 실현 정도를 측정할 때 '언론의 자유가 얼마나 보장되어 있는가'는 늘 중요한 변수로 들어간다.

언론의 역할이 더욱 중요해진 이유는, 언론을 통해 나간 소식들이 여론을 형성하고, 이렇게 형성된 여론이 정부의 정책 결정에 영향을 미치기 때문이다. 중간에서 정보를 전달하는 '매체'에서, 이제는 여론을 이끌어 가는 '주도자'의 역할을 하게 된 것이다. 언론이 통제되는 권위주

....

* 미국의 초기 대통령들을 포함해, 독립 선언에 참여한 정치인들을 일컫는 말

의 사회와 달리, 민주주의 사회에서 언론은 보도의 자유가 보장된다. 언론의 보도에 따라 여론이 형성되고, 정치인들은 여론에 민감하므로, 독재자들은 언론부터 통제하려고 하는 것이다.

언론의 3대 기능에는 어젠다 세팅^{agenda setting}, 프레이밍^{framing}, 프라이밍^{priming}이 있다.

어젠다 세팅은 '의제[*] 설정'을 뜻하는데, 언론은 우리가 어떤 문제를 생각해야 할지 결정해 준다. 매일매일 쏟아지는 방대한 뉴스를 모두 보도할 수는 없다. 언론은 이 중 무엇이 중요한 뉴스인지를 선정해서 독자들에게 제시한다. 웬만큼 큰 사건이 아니고서야, 신문마다 1면의 헤드라인이 다 다른 이유도 여기에 있다. A 신문사가 중요하다고 보는 이슈와 B 신문사가 중요하다고 보는 이슈가 다르기 때문이다. 아예 처음부터 지면으로 나가는 뉴스와 나

----

* 의논할 문제

가지 않는 뉴스를 고르는 작업인지라 문을 지킨다는 의미의 '게이트 키핑gate keeping' 기능이라고도 한다. 지금 바로 컴퓨터를 켜고 보수 성향의 신문과 진보 성향 신문이 다루고 있는 주요 뉴스들을 비교해 보면 확연한 차이를 발견할 수 있을 것이다.

프레이밍은 독자들이 사건을 바라보는 시각을 제공한다. 마치 주어진 창문을 통해서 세상을 바라보듯 언론이 제공한 해석의 틀을 통해 현상을 이해하게 하는 것이다. 같은 사건도 어떤 시각으로 묘사하고 설명하느냐에 따라 완전히 다른 뉴스가 된다. 예를 들어 권위주의 정권에 반대하는 시위대가 과격하게 화염병을 던지는 일이 있었다고 하자. 정권의 편을 드는 보도라면 과격한 폭력 시위에 초점을 맞추어 보도할 것이다. 반대로 반정권 성향의 보도라면 권위주의 정권에 항거하는 민주 시위라는 것에 초점을 맞추어 보도할 것이다. 독자들은 그들이 제공하는 시각 틀에 따라 사건을 바라보게 된다.

프라이밍은 어젠다 세팅 이후 생기는 이차적 효과이다. 어젠다 세팅은 중요한 의제를 던지지만, 여론을 일정한 방향으로 움직일 순 없다. 대중은 '이런 이슈가 있네'라고, 딱 거기서 멈추기 때문이다. 언론은 이슈를 던지는 것과 동시에 여론을 의도한 방향으로 끌고 나가야 한다. 그 목적을 위해 어젠다를 묘사하고 설명할 때 특정 용어와 개념들을 함께 사용한다. 그러면 그 기사를 읽은 대중은 의제를 떠올릴 때마다 특정 용어와 개념을 함께 떠올리고 의제를 평가하게 되는데, 이런 과정을 프라이밍이라고 한다.

정치 커뮤니케이션학자인 아이엔거 Shanto Iyengar 와 킨더 Donald R. Kinder 는 '실업'과 대통령 직무 수행 평가의 관계를 연구하면서 새로운 사실을 발견했다. 뉴스에서 실업 관련 뉴스를 많이 본 사람들은 대통령의 여러 직무 중, 실업 대책을 중심으로 직무를 평가했다는 점이다. 즉, 어젠다로 내놓는 것을 넘어서, 계속 강조하고 이 이슈를 점화할수록 사람들은 그 이슈와 연관 지어 정치인을 평가하고 바라보는 성향을 보인 것이다.

어젠다 세팅, 프레이밍, 프라이밍의 기능을 보면, 언론이 세상의 정보를 전달하는 역할만 한다고 보기 어렵다. 그런 이유로 현대의 언론은 정치색을 띠고 편향적으로 정보를 전달한다는 비판을 받기도 하는데, 여기에는 대중도 책임이 있다. 대중 역시 무미건조한 중립적 보도보다는 자기 뜻과 비슷한 언론을 찾고 이를 부추기고 뒷받침해 주는 언론을 선호하기 때문이다.

옐로 저널리즘

옐로 저널리즘yellow journalism 혹은 황색 언론은 언론 윤리를 저버린 채 자극적인 보도를 일삼는 언론을 일컫는 말이다. 황색 언론이라는 말이 탄생하게 된 배경은 꽤 흥미롭다. 옐로 저널리즘을 탄생시킨 주인공은 두 명의 유명한 언론 재벌이다. 한 명은 뉴욕 저널New York Journal의 경영자 윌리엄 랜돌프 허스트William Randolph Hearst이고, 또 다른 한 명은 뉴욕 월드New York World의 경영자 조지프 퓰리처Joseph Pulitzer이다. 가장 훌륭한 언론인에게 주는 최고의 상인 퓰리처상을 시작한 사람이 바로 이 조지프 퓰리처다. 훌륭한 언론인상을 만든 인물이 옐로 저널리즘의 원조였다니, 아이러니하기 그지없다. 퓰리처는 오스트리아·헝가리 제국에서 이민을 온 유대인이었고, 미주리주의 세인트루이스에서 자수성가해 신문사 뉴욕 월드까지 소유하게 된 대단한 인물이다. 뉴욕 언론의 양대 라이벌인 퓰리처와 허스트는 뉴욕 신문왕 자리를 두고 불꽃 튀는 경쟁을 한다.

당시 뉴욕 월드는 '호건의 골목길Hogan's Alley'이라는 만화를 연재 중이었다. 이 만화에는 '옐로 키드The Yellow Kid'라는 노란색 잠옷을 입은 캐릭터가 있었는데, 이 캐릭터의 인기가 어마어마했다. 뉴욕 월드는 이 만화에 힘입어 불타나게 팔리기 시작했다. '호건의 골목길'은 리처드 아웃컬트Richard Outcault라는 만화가가 그리고 있었다. 그런데 라이벌인 허스트가 아웃컬트를 뉴욕 월드에서 빼 와서 뉴욕 저널에서 만화를 연재하게 한다. 당연히 화가 머리 끝까지 난 퓰리처는 그림은 아웃컬트가 그렸지만, 이 만화에 대한 저작권은 뉴욕 월드에 있다면서, 다른 만화가를 고용해 만화 연재를 이어 갔다. 결국 옐로 키드는 두 신문에 모두 등장했다. 이 경쟁의 결말은 허스트가 다른 만화가까지 빼 오는 것으로 끝이 났다. 판매 부수를 올리기 위한 코미디 같은 이 경쟁에서 옐로 저널리즘이라는 말이 나왔다.

당시 뉴욕 월드와 뉴욕 저널의 경쟁은, 신문과 잡지가

대중의 생활 깊숙이 들어왔다는 것을 의미했다. 두 신문 모두 정치뿐 아니라 사회 이슈, 경제, 스포츠, 패션까지 다루면서 승승장구했는데, 과학 기술의 발전은 또 다른 중요한 언론 매체를 선보였다. 바로 텔레비전이었다.

라디오와 텔레비전

물론 텔레비전 등장을 이야기하기 전에 라디오의 시대를 빼놓을 순 없다. 많은 이들이 라디오에 귀를 기울이며 뉴스를 듣던 낭만적인 시대가 있었다. 라디오를 잘 이용한 정치인은 미국의 루스벨트Franklin Delano Roosevelt 대통령이다.

화롯가에 앉아 한가로이 나누는 대화를 '노변정담fireside chat'이라고 한다. 소위 힐링을 주는 대화를 의미하기도 하는데, 루스벨트 대통령은 라디오를 통해 마치 화롯가에서 조곤조곤 이야기하듯 정치, 경제 문제에 대한 의견을 직접 풀어 주는 시간을 가졌다. 대공황으로 지친 미국인들에게는 위안을 받는 시간이었고, 루스벨트 대통령에게는 국민들에게 직접 다가가는 정치의 시간이기도 했다. 이렇게 매스 미디어가 발달하면서 정치인들이 미디어를 이용해 유권자들에게 접근하는 일이 폭발적으로 늘어나기 시작했다.

그중에서 가장 큰 영향을 미친 것은 단연코 텔레비전이다. 텔레비전의 등장과 대중적 보급은 정치에 완전히 새로운 변화를 가져왔다. 이미지 정치가 본격적으로 등장한 것이다. 물론 이미지 정치라고 해서 꼭 나쁜 의미를 담는 것은 아니다. 하지만 정책이나 정치적 능력 못지않게 외모와 분위기 또한 정치인의 경쟁력이 되는 시대가 온 것이다. 그 예시로 가장 많이 언급되는 것이 1960년 미국 대통령 선거 토론회이다.

1960년 미국 대통령 선거에서 처음으로 대통령 후보 간의 토론이 텔레비전을 통해 미국 전역에 방송되었다. 당시 아일랜드계 이민자의 후손이자 가톨릭 신자였던 케네디John Fitzgerald Kennedy 민주당 후보는 닉슨Richard Milhous Nixon 공화당 후보보다 경험도 부족하고 잘 알려지지 않았던 인물이었다. 닉슨 후보는 아이젠하워Dwight David Eisenhower 대통령의 부통령을 지내던 인물이었기 때문에 전국적 인지도만큼은 확보된 데다가 외교 전문가로 잘 알려져 있었다.

이렇게 열세였던 케네디 후보가 미국 유권자들의 마음을 잡을 수 있었던 계기는 텔레비전 토론이었다. 훤칠한 인상의 케네디 후보는 마치 귀공자처럼 여유롭게 토론에 임했던 반면, 닉슨 후보는 얼굴색도 안 좋은 데다가 안절부절 쫓기는 모습이었다. 실제로 닉슨은 당시 식중독으로 인해 최악의 컨디션이었다고 한다. 정말로 이 텔레비전 토론이 결정적인 한 방이었는지는 모르지만, 케네디 후보는 11만 표가 겨우 넘는 아주 적은 차이로 닉슨 후보를 이기고 제35 대 미국 대통령이 된다. 매스 미디어를 통한 이미지 정치는 매우 중요한 정치적 요인으로 자리 잡게 되었고, 미디어가 좋아하는 유명 인사를 칭하는 미디어 달링media darling이라는 말도 만들어졌다.

선거 때 매스 미디어는 큰 영향력을 발휘한다. 민주주의의 꽃이라고 할 수 있는 선거의 중심에서 후보자와 유권자를 이어 주는, 그야말로 중간자로서의 '미디어' 역할을 하기 때문이다. 미디어는 후보자의 정책을 설명해 주고 현재 선거 운동 과정에서 일어나고 있는 일들을 알려 주는 정보 전달의 역할을 한다. 때로는 후보의 캠페인 광고를 유권자에게 보여 준다. 그리고 선거가 현재 어떻게 돌아가는지, 여론은 누구의 편을 들고 있는지 등의 정보가 담긴 상황판을 게시한다. 사실, 미디어의 역할을 엄밀하게 규정하자면 후보자들의 정책과 관련된 정보를 제공함으로써 유권자들의 선택을 돕는 것이지만, 실제 선거에서 미디어는 현재 여론 조사를 보니 누가 이기고 있고 누가 지고 있다는 흥미 위주의 경마식 보도horse-race journalism에 치중하는 경우가 많다. 이런 식의 보도는 많은 손가락질을 받고 있지만, 솔직히 이것이 유권자들이 가장 궁금해하는 정보이기 때문에 미디어 탓만 할 수도 없다.

소셜 미디어

미디어와 정치 수업을 할 때 학생들에게 꼭 물어보는 질문이 하나 있다. "여러분은 정치 사회 경제 뉴스를 어떤 경로를 통해 얻으시나요?" 답변은 세대마다 조금씩 다를 것이다. 아마도 60대 이상의 어르신들 중에서는 종이 신문과 TV 뉴스 프로그램을 통해 정보를 얻는다고 하는 분들이 다른 세대보다 많을 것이다. 하지만 최근에는 유튜브를 통해 많은 정보를 얻는다고 답하는 노년층 또한 늘었다. 반면 10대, 20대가 종이 신문을 보는 경우는 매우 드물다. 대신 인터넷의 포털 사이트나 커뮤니티에서 정보를 얻는 경우가 많다. 또한 SNS 뉴스 피드에 올라오는 것을 보고 찾아보기도 한다.

소셜 미디어는 트위터, 페이스북, 유튜브, 인스타그램 등과 같이 SNS에 가입한 이용자들이 서로의 의견을 나누고 소통하는 플랫폼을 의미한다. SNS의 종류는 점점 더 다양해지고, 남녀노소 SNS를 하지 않는 사람을 찾아보기 힘들 정도가 되었다. 우리나라 국민의 90% 가까이가 소셜 미디어를 이용하고 있고, 2021년에는 유튜브를 가장 많이 이용하는 것으로 파악됐다.

바야흐로 디지털의 시대로 넘어가면서 언론 시장의 판도는 완전히 바뀌었고, 레거시 미디어legacy media라 불리는 전통 언론사와 주요 일간지, 지상파 방송국들은 생존까지 위협받고 있다. 우리나라의 레거시 미디어라면 주요 신문사, 지상파 3사의 TV 뉴스 프로그램과 종편 채널의 뉴스, 오래된 신문까지 들 수 있겠다. 이에 대항하며 등장한 뉴 미디어new media는 그 범위가 매우 넓다. 소셜 미디어, 포털 뉴스뿐 아니라 팟 캐스트까지 모두 뉴 미디어에 속한다. 물론 여전히 레거시 미디어의 영향력은 무시할 수 없다. 인터넷 포털 사이트나 뉴스 피드에서 찾은 뉴스는 소셜 미디어를 통해 접할 뿐, 콘텐츠의 출처는 레거시 미디어이기 때문이다. 하지만 레거시 미디어가 언제까지 지탱할 수 있을지는 알 수 없다. 레거시 미디어 내에서도 양극화가 생기고 있기 때문이다. 예를 들어 이전보다 더 빠르게 성장하는 〈뉴욕 타임스〉가 있는 반면, 사라져 가는 지역 신문들이 있다.

미국의 경우, 뉴 미디어의 등장으로 가장 큰 타격을 입은 것은 종이 신문이다. 퓨 리서치 센터의 조사에 따르면, 1985년 무려 6,000만 부 이상의 종이 신문이 구독되었지만, 2020년에 구독된 종이 신문은 2,500만 부도 채 안 되었다고 한다. 물론 아직도 많은 사람은 TV를 통해 뉴스 정보를 수집하고 있는데, 보는 것watching이 아닌 읽어서reading 정보를 습득하는 경로는 인터넷이 압도적으로 많다. 그리고 소셜 미디어를 통해 뉴스를 습득한다는 응답자의 숫자는 2017년 당시 종이 신문을 통해 뉴스를 습득한다는 숫자를 막 넘어서기 시작했으니, 이미 몇 년이 지난 지금은 그 격차가 훨씬 벌어지지 않았을까 싶다.

디지털의 강력한 부상은 미국뿐 아니라 전 세계적인 현상이다. 마그나 글로벌Magna Global에서 조사한 바에 따르면 디지털 플랫폼이 거두는 광고 수익은 2016년을 기점으로 TV를 뛰어넘었다. 소비자가 있고 돈의 흐름을 좇아가는 것이 광고라고 한다면, 이제 미디어 세상의 강자는 디지털 그리고 그 선두에 있는 뉴 미디어라 할 수 있다.

그런데 뉴 미디어의 성장은 경계해야 할 다른 문제들을 불러왔다. 레거시 미디어에는 최소한의 균형을 지켜야 한다는 기준선이 있고, 종사자들은 언론인으로서의 훈련을 받는다. 하지만 뉴 미디어에는 이런 기준이 느슨하게 적용되기 때문에 뉴 미디어 뉴스를 찾는 소비자의 분별력이 중요하다.

고대로부터 언론은 정치의 중요한 축을 담당했음. / 언론의 3대 기능으로 어젠다 세팅, 프레이밍, 프라이밍이 있음. / 텔레비전, 인터넷 등 기술의 발달은 정치인들이 유권자와 소통할 수 있는 길을 열었음. / 소셜 미디어는 레거시 미디어를 넘어서면서 영향력을 확장하고 있음. / 뉴미디어 시대에 난무하는 뉴스를 분별력 있게 소비할 수 있는 능력이 필요함.

법의 제정

의회

국민이 주인이 되는 민주주의 국가에서는 마땅히 모든 국민이 사회의 규범을 정하는 법 제정 과정에 참여해야 한다. 하지만 물리적으로 불가능하기에 국민의 대표를 보낸다. 그것이 대의 민주주의이고, 대표로 뽑힌 사람들이 모여서 법 제정을 하는 기관이 의회이다. 의회는 법을 세우는 입법 기관이다. 국가마다 의회를 부르는 이름이 따로 있기도 한데, 대한민국의 의회는 '국회'라고 불린다. 미국의 의회는 '콩그레스Congress'이다.

의회의 기원은 영국 의회에서 찾을 수 있다. 고대 그리스나 로마 공화정에서도 비슷한 형태의 기구가 있었다고 하지만, 근대 의회의 모양새는 1215년 영국의 '마그나 카르타Magna Carta'에서 시작되었다고 할 수 있다. '대헌장'이라 불리는 이 문서는 영국의 존 왕과 봉건 영주 귀족들 사이의 충돌 이후 만들어진 것이다. 프랑스와의 영토 전쟁을 위해 존 왕은 영주, 시민들에게 많은 세금을 부과하는 바람에 반발을 샀다. 이들이 일으킨 반란에서 패한 존 왕은 이들이 요구하는 문서에 서명할 수밖에 없었는데, 그것이 바로 이 마그나 카르타, 대헌장이다.

마그나 카르타에는 존 왕이 봉건 영주들이 누리던 권리와 지위를 건드리지 않겠다는 내용을 담고 있는데, 특히 상납금이나 군대 면제금을 왕 마음대로 걷어 가지 않겠다는 문구가 있다. 이 조항은 후세에 들어서 세금과 관련된 정책을 추진할 때 의회의 허락 없이 마음대로 할 수 없다는 조항의 근거가 되었다. 무엇보다도 왕의 권한이 크게 줄어들었고, 의회 탄생의 실마리가 되었으며, 의회parliament라는 이름이 등장했다.

왕의 권력을 제어하기 위한 의회가 본격적으로 등장한

것은 존 왕의 후계자인 헨리 3세 시대이다. 선왕이 서명한 마그나 카르타를 헨리 3세가 제대로 지키지 않자, 귀족이었던 시몽 드 몽포르Simon de Montfort가 반란을 일으켰고, 이후 귀족과 고위 성직자뿐 아니라 시민 대표까지 참여하는 의회가 소집되었다. 이때부터 근대 의회의 모습이 갖추어졌다.

양원제

의회는 구조에 따라 양원제와 단원제로 나눌 수 있다. 양원제는 의회 안에 두 개의 작은 의회가 있다고 보면 된다. 상원과 하원이 독립적으로 존재하는데, 전 세계 약 80개 국가가 양원제를 채택하고 있으니 꽤 많은 편이다. 근대 의회의 뿌리라고 할 수 있는 영국, 미국, 일본, 네덜란드, 캐나다, 스위스, 아일랜드 등 많은 국가들이 양원제를 채택하고 있다.

영국의 경우 귀족과 고위 성직자들이 귀족원House of Lords을 구성하고 평민과 기사, 하위 성직자들이 서민원House of Commons을 구성했는데, 이것이 상원과 하원의 시

작이다. 입헌 군주제'를 시행하는 많은 유럽 국가들이 양
원제를 택하고 있는데, 아무래도 귀족 계급의 역사적 전
통을 무시할 수 없었기 때문이다.

반면 미국의 경우는 이와 다른 이유로 양원제를 택하
고 있다. 상원을 설립한 것은 연방제 국가로 시작하면서
주들 사이의 이해관계를 조율하기 위함도 있었고, 권력의
집중이나 다수의 횡포를 막기 위함도 있었다. 하원과 상
원 모두 찬성한 법률이 통과되게 함으로써, 견제 과정을
한 번 더 거치자는 의도인 것이다.

물론 견제와 입법의 기능은 미국처럼 실질적인 권한을
갖는 상원인 경우에 가능하다. 영국이나 일본처럼 하원에
비해 상원이 약한 권한을 갖거나, 오스트리아처럼 거의
존재감이 없는 경우에는 하원이 실질적인 정책 법안을 세
운다고 볼 수 있다.

어쨌든 상원이 있으면 법안 통과는 두 번의 과정을 거
치기 때문에 신중한 결정을 기대할 수 있고, 다양한 계층
의 국민 의견을 들을 수 있다는 장점이 있다. 특히 하원 의

* 군주의 권력을 헌법으로 제한하는 정치 체제

원들이 당장의 지역 이익이나 정당 이익에 매일 때, 상원은 국익을 위해 멀리 바라볼 수 있기 때문에 현명한 판단을 기대할 수 있다. 하지만 많은 경우 상원은 국민의 직접 선거로 선출되지 않기 때문에, '국민을 잘 대표하고 있는지'에 대한 대표성의 문제가 있고, 양원의 대립이 정치 싸움으로 발전하게 되면 국정 운영에 차질을 빚을 수 있다.

단원제

하나의 의회를 두는 단원제는 양원제에 비해 짧은 역사를 가지고 있다. 현재 100개가 넘는 국가들이 단원제를 채택하고 있으니, 양원제 국가보다 많은 셈이다. 프랑스 대혁명 당시 급진파가 주장했던 것이 단원제였고, 여기에서 그 뿌리를 찾아볼 수 있다. 프랑스 대혁명 때 단원제를 택한 이유는 신속한 정책 입법이 가능하고, 당시의 시민 대표들이 귀족 계급에서 출발한 상원을 거부했기 때문이다.

단원제의 장점은 안정적이라는 점이다. 앞서 말한 대로 법안 처리가 신속하게 이루어지기 때문에 효율적이기도 하다. 하지만 하나의 정당이 의회를 장악할 때, 견제할 다른 기구가 없다는 문제점이 있다. 게다가 행정부마저 같은 정당 소속이라면 멋대로 권력을 휘두른다고 하더라도 막을 방법이 마땅치 않다. 반대로 서로 다른 정당이 각각 행정부와 입법부를 장악하게 되면 팽팽한 대립으로 인해 법안을 세우는 일도, 실행하는 일도 어려워진다.

한국 역시 단원제를 채택하고 있다. 하지만, 우리나라 역사에도 양원제가 있었던 시기가 있다. 1960년 4·19 혁명으로 이승만 대통령이 하야하고 개헌을 통해 제2 공화국을 열었다. 그때 의원 내각제*와 양원제를 시행해 하원인 민의원과 상원인 참의원을 두었다. 그리고 같은 해 7월 29일 양원제 선거를 시행했다. 하지만 정국을 주도한 민주당이 신·구파로 나뉘어 갈등을 빚었고 체계 또한 불안정했다. 결정적으로 1961년 5월 16일에 쿠데타가 일어나면서 의회는 강제 해산되었고, 9개월의 짧은 양원제는 막을 내렸다.

* 국회의 권한에 따라 정부가 세워지는 정치 제도

의회의 가장 기본적인 기능은 법을 제정하는 것이다. 대한민국의 예를 살펴보면, 국회는 헌법 개정, 법률의 제정과 개정 그리고 조약 체결 시 확인 또는 동의하는 역할을 한다. 법률을 제정하고 개정하는 권한은 온전히 국회에 있지만, 헌법을 개정할 때는 국회에서 동의하는 것으로 끝나지 않는다. 국민 투표라는 과정이 한 번 더 남아 있다. 최상위 법이다 보니 훨씬 신중히 처리하는 것이다.

물론 법률을 제정 혹은 개정할 때에도 마지막에 대통령의 동의를 얻어야 한다. 대통령이 거부권을 행사할 수도 있기 때문이다. 거부권이 행사된 법률안을 다시 통과시키려면 더 까다로운 과정을 거쳐야 하는데, 전체 의원의 절반 이상이 의회에 출석해야 하고, 출석 의원 3분의 2가 찬성해야 한다. 의회는 행정 수장이 외국의 정부와 맺은 조약을 최종적으로 승인하는 일도 수행한다. 국제적으로 맺은 협약이 국내에서도 효력을 가지려면 각국 의회의 동의를 거쳐야 하기 때문이다.

법률을 만들거나 고치는 과정은 국가마다 다르지만, 한국의 국회에서 거치는 과정은 다음과 같다. 먼저 법률안은 국회 의원 10인 이상 혹은 대통령이 발의할 수 있다. 참고로 우리 국회에는 특정 분야에 전문적인 식견을 가진 의원들을 중심으로 상임 위원회를 두고 있다. 총 17개의 상임 위원회에서는 자신들의 분야와 관련이 있는 법률안이 제출되면 이를 심사한다. 상임 위원회에서 의미 있는 법률안으로 판단하게 되면 법률안은 본회의로 올라가게 되는데, 우리가 TV에서 자주 보는 국회 본회의장에서 표결에 부쳐진다. 전체 의원의 절반 이상이 출석하고, 출석한 의원의 절반 이상이 찬성하면 청와대로 보내지고 대통령은 15일 이내에 국민들에게 알리게 되어 있다. 그리고 알림 후 20일이 지나면 법률은 효력을 가지고 시행된다.

조세 법률주의

우리나라 헌법 제59 조는 세금의 항목과 세율을 법률로 정하게 하고 있다. 조세 법률주의라고 하는 이 원칙은 법률적 근거 없이 맘대로 세금을 부과하지 못하게 하기 위함이다. 조세 법률주의는 미국 독립 전쟁의 원인이 된 '대표 없이 과세 없다'라는 원칙에서 출발했는데, 현재는 거의 모든 국가가 조세 법률주의를 받아들이고 있다.

조세 법률주의로 인해 국회는 예산안을 심의하고 표결하는 권한도 확보하게 되었다. 행정부가 재정을 제대로 잘 쓰고 있는지를 감독하고 관리하는 것이다. 행정부는 다음 해 예산안을 국회에 제출하고 국회는 이 예산을 심의해서 조정한다. 또 지난해 예산을 제대로 잘 사용했는지도 검사하는데, 이것을 결산 심사라고 한다.

이 외에도 국회는 행정부가 국정 수행을 잘하고 있는지 감독, 조사할 수 있는 국정 감사 및 조사권을 갖고 있다. 국정 감사는 국회에서 매년 정기적으로 행정부의 국정 전반을 감사하는 것이고, 국정 조사는 특정 사안을 조사하는 것이다. 이때 국회 의원은 필요한 증거 서류를 제출하게 하거나 증인을 부를 수 있다. 보다 직접적으로 행정부를 견제하는 행위라 하겠다.

국회의 이모저모

뉴스를 보면 늘 싸우는 것 같은데, 국회 의원은 얼마나 자주 국회에 나갈까? 대한민국 국회의 정기 국회는 매해 9

월 1일에 시작한다. 한번 시작하면 100일 이내에 회의를 끝내야 한다. 정기 국회에서는 다음 해 예산안을 심의하고 확정하는 중요한 일을 해야 하고, 법률안 처리 및 국정 감사, 대정부 질문도 한다. 임시 국회도 열릴 수 있는데, 대통령 혹은 국회 의원 4분의 1 이상이 요구할 경우 소집된다. 임시 국회는 30일 이내에 회의를 마쳐야 한다.

21대 대한민국 국회의 평균 연령은 54.9세이다. 20대 국회의 평균 연령이 55.5세였으니 약간 젊어진 것은 사실이다. 의회 의원들의 평균 연령이 높아지는 것은 많은 선진국에서 공통적으로 일어나고 있는 일이다. 선진국 대부분이 고령 사회로 접어든 점에서 원인을 찾아볼 수 있겠다. 그럼에도 한국의 국회 의원 평균 연령은 확실히 높다. 2016년 기준 오스트리아, 프랑스, 독일 의원들의 평균 연령은 47.9세, 48.7세, 49.4세로, 결코 젊은 정치라고 할 수는 없지만, 한국의 국회 의원만큼 높지는 않다. 한국의 40대 미만 국회 의원 비율은 4.3%로, 초고령 사회로 진입한

....

* 국회 의원이 '국회법'에 따라 국회 본회의 기간에 정부에 대하여 일정한 사항에 관하여 설명을 요구하고 그 의견을 묻는 일

일본의 8.4%보다도 한참 낮다.

여성의 경우도 마찬가지이다. 21대 총선에서는 역대 가장 많은 여성이 국회 의원 배지를 달았는데, 총 300명 중 57명의 여성이 당선되었다. 이는 총의원 수의 19%에 해당하는 수치이다. 꾸준히 숫자가 늘어나고는 있지만, 다른 선진국 의회의 여성 비율에 비하면 낮다고 할 수 있다. 뉴질랜드, 프랑스, 독일, 영국 같은 국가들은 각각 49.1%, 39.5%, 34.9%, 34.5%로 우리보다 훨씬 높다. 더 많은 청년 정치인, 여성 정치인의 정치계 진입을 원하는 이들은 의회가 국민을 잘 대표하고 있지 못하다고 목소리를 내고 있다.

의회 민주주의의 위기

국민을 대표하는 기구라고 하지만 정작 국민은 국회에 대한 불신이 높다. 2019년 리얼미터에서 실시한 '국가 사회기관 신뢰도' 조사에 따르면, 국회를 신뢰한다는 국민은 2.4%밖에 되지 않았다. 그나마 약간 상승한 수치였는데, 2018년에는 1.8%로 전체 기관 중 꼴찌를 차지했다. 이런 결과는 수많은 여론 조사에서 동일하게 나타나고 있다. 한국행정연구원의 '사회 통합 실태 조사'에서도 국회는 매우 낮은 신뢰도를 기록했다. 국회를 신뢰한다고 답한 응답자는 21.1%로 모든 기관 중 가장 낮았다.

국회의 신뢰도가 바닥인 원인에는 여러 가지가 있겠지만, 국회 의원들의 자질이 기대에 못 미치고, 정책을 세우기 위해 노력하는 것이 아니라 권력을 가져가는 데에만 관심이 있는 것처럼 보이기 때문이다. 이러한 현상은 민주주의 사회에서 매우 경계해야 하는 일임에 틀림없다. 정치권에 대한 신뢰 하락은 사회에 대한 신뢰 하락을 의미한다. 건강하고 투명한 사회는 민주주의에 반드시 필요하다. 이를 위해서는 정치인뿐 아니라, 정치인들을 감시하고 그들의 활동을 지켜보는 민주 시민의 깨어 있는 자세가 요구된다.

의회의 역사는 영국에서 시작됨. / 양원제를 채택한 의회는 견제의 기능이 강하고, 단원제를 채택한 의회는 신속한 법 제정이 가능함. / 의회는 법을 제정 혹은 개정하고, 외교 조약을 승인함. / 의회는 국정 감사와 국정 조사를 통해 행정부를 견제함. / 국회 의원은 국민에 의해 선출되지만 국민의 신뢰도는 높지 않음.

사법

법원과 사법부

넷플릭스에서 공개한 〈소년 심판〉이라는 드라마가 있다. 냉철한 여성 판사가 등장하는 드라마로, 최근 처벌의 경중으로 논란을 빚고 있는 소년 범죄와 이를 다루는 법정이 나온다. 드라마 속 판사는 사건을 직접 조사하기도 하고 범인도 찾지만, 실제 판사는 재판정에서만 사건과 피의자를 접한다. 공정한 판결을 위해 그 어떤 외부적 영향도 받지 않기 위해서이다.

사법 기관을 영어로 judiciary라고 한다. 이는 라틴어인

judicium에 어원을 두고 있는데, '판단', '심판'이라는 의미이다. 한마디로 법을 적용해서 옳고 그름을 판단하는 것이 사법이다. 그리고 이 사법 행위를 하는 기관이 바로 법원이다.

법률을 통해서 잘잘못을 가리고 형벌을 정한다는 개념이 없었던 때에는 판결하는 사람이 스스로 판단하고 벌의 무게를 정했다. 다분히 사적이고 주관적인 판단이 있을 수밖에 없었는데, 이로 인해 누군가는 자유와 권리를 침해당했다. 그러나 근대에 들어와 형법 체계가 갖춰지면서 법률에 명시된 대로 판단을 하고 형벌을 정하는 죄형 법정주의가 자리 잡게 되었다.

더욱 중요한 것은 '판단'을 내리는 사람이 외부의 압력 없이 오로지 법전에 근거해 양심적인 판단을 해야 한다는 점이다. 그렇지 않을 경우, 공정한 재판이 이루어지지 않고 사회 법질서가 무너지면서 국민의 권리, 특히 기본권이 침해될 것이기 때문이다. 이것이 공정한 재판을 위해 사법권의 독립을 보장하는 이유이다.

국가마다 법원의 조직 구성은 다르다. 대한민국은 대법원과 하급 법원으로 구성이 되어 있다. 대법원은 사법부의 가장 높은 위치에 있는 법원이고 하급 법원에서 올라온 소송의 최종 판결을 맡는다. 대법원 아래에는 고등 법원이 있고, 고등 법원 아래에는 지방 법원이 있다. 그 외에 가정과 청소년 문제를 담당하는 가정 법원, 특허와 관련된 문제를 다루는 특허 법원 그리고 행정과 관련된 재판을 하는 행정 법원이 있다.

재판 시스템은 크게 세 단계의 심급 제도를 가지고 있는데, 하급 법원에서의 판결에 불복하면 상급 법원에 다시 재판을 신청할 수 있다. 1심에 불복해서 재판을 신청할 때 이를 '항소'라고 하고, 2심에 불복해서 다시 신청할 때에는 대법원에 신청해야 하는데, 이를 '상고'라고 한다. 여러 차례의 재판을 보장해 주는 것은 법관이 옳지 못한 판결을 내렸을 가능성을 배제하지 않고 다시 한번 기회를

----

* 하나의 소송 사건에 대하여 서로 다른 계급의 법원에서 반복하여 심판하는 상소 제도

주는 것으로, 국민의 기본권을 보장하기 위해서이다.

헌법재판소

한 가지 눈여겨봐야 할 사법 기관은 바로 헌법재판소이다. 헌법재판소는 1988년 출범하였는데, 헌법과 관련된 분쟁을 다루는 기관이다. 이전에도 '탄핵심판위원회'나 '헌법위원회'의 이름으로 존재했지만, 지금의 헌법재판소는 제6공화국 헌법 개정 이후에 설립되었다.

9명의 재판관으로 구성된 헌법재판소에서는 국민의 기본권을 보장하고 헌법을 수호하는 막중한 책임을 진다. 3명의 재판관은 대법원장이 지명하고 3명은 대통령이 지명한다. 남은 3명은 국회에서 선출하게 되어 있다. 얼핏 보면 미국의 연방대법원이 하는 임무를 수행한다고 할 수 있다. 재판관의 숫자가 9명인 것도 비슷하다. 다만, 미국의 연방대법원의 대법관은 종신제˙인 데 반해 한국의 헌

....

* 죽거나 스스로 그만두지 않는 한, 어떤 직위나 직무를 임기의 제한 없이
  계속하여 맡는 제도

법재판관들은 6년의 임기를 가지고 있다. 법관의 신분을 보장하는 것은 이들이 외부의 압력을 받지 않고 양심껏 판단하게 하기 위함인데, 한국의 헌법재판소 재판관들은 종신은 아니지만 6년의 임기와 연임의 기회가 있고 탄핵이나 금고*에 의하지 않으면 해임되지 않는다. 부분적인 신분 보장이라고 할 수 있다.

헌법재판소가 담당하는 심판은 총 다섯 가지로 헌법재판소법에 명시되어 있다. 위헌 법률 심판, 헌법 소원 심판, 탄핵 심판, 위헌 정당 해산 심판, 권한 쟁의 심판이다. 위헌 법률 심판은 국회에서 만든 법률이 헌법에 어긋나는지를 판단하는 심판이다. 헌법 소원 심판은 국민이 공권력에 의해 기본권을 침해당했을 때 재판을 신청하는 것이고, 탄핵 심판은 국회에서 탄핵을 제기당한 공직자를 판단하는 것이다. 우리나라의 헌법재판소는 대통령에 대한 탄핵을 두 차례 심판한 적이 있는데, 2004년 노무현 전 대통령의 탄핵 심판과 2017년 박근혜 전 대통령의 탄핵 심판이 그것이다. 위헌 정당 해산 심판은 국가 질서에 어긋

* 교도소에 갇히는 일

나는 정당의 해산 여부를 결정하는 것으로, 2014년 통합진보당의 해산을 심판한 적이 있다. 마지막으로 권한 쟁의 심판은 국가 기관이나 지방 자치 단체의 권한을 두고 시비가 붙었을 경우 하는 심판이다.

사법부나 헌법재판소의 법관은 모두 법률이나 헌법에 따라 양심적으로 또 독립적으로 판단하는 것이 의무이다. 하지만 특정 정치적 성향을 완전히 무시할 수 있을 것인가에 대해서는 논란이 있다. 실제로 미국의 경우는 연방대법원 판사를 임명할 때마다 정치적 논란이 있었다. 2020년 9월, 9명의 대법관 중 한 명이었던 루스 베이더 긴즈버그 판사가 사망했을 때, 트럼프 대통령은 다음 대통령 선거를 겨우 두 달 남겨 놓고 전격적으로 대법관 후보를 지명했으며, 공화당이 다수였던 상원은 빠른 속도로 임명을 승인한 바 있다. 중요한 법률이나 대통령의 행정명령 위헌 여부를 판단하는 대법원은 언제나 정치적 이슈의 중심에 있을 수밖에 없다. 그 사실을 잘 아는 대통령과 의회는 대법관 자리가 공석이 되면 자신들과 이념 성향이 비슷한 이들로 연방대법원을 채우려는 노력을 멈추지 않는다.

사회 구성원을 범죄로부터 보호하고 사회 질서를 유지하기 위한 법률은 크게 사법과 공법으로 나뉜다. 사법은 개인과 개인과의 관계에서의 분쟁을 해결하기 위한 법이고, 공법은 개인과 국가 사이 혹은 국가 기관들 사이의 공적인 관계에서 분쟁을 해결하기 위한 법이다. 이 중 가장 대표적인 사법과 공법은 민법과 형법일 것이다.

민법은 개인 간의 사적인 문제를 해결하는 법으로 가족이나 재산권과 관련된 것을 다룬다. 근대 민법의 시작은 나폴레옹의 《민법전Code Civil》이라고 할 수 있다. 나폴레옹은 황제가 된 후 1804년 법전을 편찬하고 이를 제정하도록 명했는데, 이것이 지금까지 프랑스의 법전으로 남아 있다. 프랑스 혁명의 성과를 그대로 담고 있는 민법전은 나폴레옹이 완벽하다고 자신했을 정도였고, 나폴레옹이 유럽 정복 전쟁에서 승리하면서 유럽 대륙에 널리 퍼지게 된다. 이는 유럽의 대륙법을 이어받은 우리나라에도 영향을 미쳤다.

형법은 범죄와 형벌의 범위를 정해 놓은 법이다. 형법이 자리 잡기 전 고대에는 범죄에 대한 처벌을 주로 복수의 형태로 행하곤 했다. 중세에 접어들면서 개인적인 보복을 금지하고 국가나 권력자가 범죄에 대한 판단과 형벌을 내리는 역할을 했는데, 본보기를 보인다는 차원에서 지나치게 참혹한 형벌이 내려지곤 했다. 근대에 들어서면서부터 서구에서는 계몽주의가 전파되었고, 형법을 본격적으로 법률화하는 작업이 이루어졌다. 이때 등장하게 된 것이 죄형 법정주의이다.

죄형 법정주의는 법률에 규정된 범죄만 처벌하고 형벌 또한 법률에 명시되어 있는 대로 내려야 한다는 것을 의미한다. 도덕적으로 큰 비난을 받는 행위를 했을지언정, 이것이 법률에 명시되어 있는 범죄가 아니라면 재판을 통해 단죄할 수 없다. 마찬가지로 아무리 괘씸한 범죄를 저지른 사람이라고 해도 형법에 정해져 있는 것 이상의 형벌을 받게 할 수는 없다. 죄형 법정주의의 핵심을 라틴어로 'Nullum crimen, nulla poena sine praevia lege poenali(법이 없으면, 범죄도 없고 형벌도 없다)'라고 한다.

죄형 법정주의에는 좀 더 세분화된 원칙들이 있는데, 먼저 성문법의 원칙이 있다. 관습에 의한 처벌이 아니라 형법에 규정된 범죄와 형벌에 따라야 한다는 것이다. 또한 구체적으로 명확하게 범죄와 형벌이 정해져 있어야 하고, 법이 시행되기 전에 일어난 행위에 관해서는 처벌을 적용해서는 안 된다는 원칙이 있다. 형법인 만큼 유추해서 해석해서는 안 되며, 형벌이 과도해서는 안 된다는 적정성의 원칙도 있다.

죄형 법정주의를 추구했던 체사레 베카리아Cesare Bonesana Beccaria는 근대 형법의 아버지라 불린다. 베카리아가 집필한 1764년 작 《범죄와 형벌On Crimes and Punishments》은 근대 형사 정책의 기초라고 할 수 있다. 베카리아가 살았던 시대에는 계몽주의의 뿌리가 된 사회 계약설이 많은 지식인들의 지지를 받고 있었다. 시민이 자유와 권리 일부를 국가에 양보함으로써 자신들의 천부 인권을 보장받는다는 것이 사회 계약설의 핵심이라고 할 수 있는데, 시민의 권리를 위임받은 국가가 함부로 형벌을 정하고 행사해서는 안 된다는 것이 그의 주장이었다. 지금과 달리 당시에는 왕과 귀족들의 입맛에 따라 형벌을 정하기도 하고 심지어 고문도 일삼았다. 이에 베카리아는 형벌이 내려지는 것은 시민 개인의 자유와 권리를 보호하기 위해서이지

이를 제한하기 위해서가 아니기 때문에, 공정한 법관이 법률에 따른 판결을 통해 결정해야 한다고 주장했다.

형법과 인권

형법의 틀 안에서 갈등을 피할 수 없는 것은 인권의 문제이다. 피해자는 물론 가해자의 인권을 형사 절차 과정에서 보장해 주어야 하는데, 그러다 보면 감정적으로 받아들이기 어려운 경우도 있다. 특히 가해자 인권 보호 부분에서는 종종 논쟁이 일곤 한다. 악행을 저지른 가해자를 언론을 통해 접한 사람들은 저런 나쁜 인간을 왜 법으로 보호해 주어야 하는가 하며 분통을 터뜨린다. 하지만 아주 소수라 할지라도 억울한 누명을 쓴 사람이 있을 수도 있기 때문에, 가해자로 의심되는 피의자의 인권을 보호하기 위한 장치가 있는 것이다.

먼저 피의자와 피고인은 법정에 의해 유죄 판결이 날 때까지는 무죄 추정의 원칙에 의해 보호받아야 한다. 무죄 추정의 원칙이란, 단지 피의자가 된 것만으로 그를 범죄자로 단정할 수 없다는 원칙을 말한다. 피고인은 구속

되거나 체포를 당할 때 변호사의 도움을 받을 권리가 있고, 만일 여러 가지 이유로 변호사를 선임할 수 없을 때는 국가에서 지정해 주는 국선 변호인을 선임할 수 있다. 드라마나 영화를 보면 자주 나오는, 범인을 체포할 때 경찰이 읊어 주는 미란다 원칙도 피의자를 위한 적법 절차 중 하나이다.

미란다 원칙은 1963년 미국에서 납치 및 강간 혐의로 체포되었던 에르네스토 미란다Ernesto Miranda의 이름을 딴 것이다. 무죄를 주장하던 미란다는 취조 과정 중에 자백했다가 다시 법정에서 무죄를 주장한다. 애리조나주 법원에서 유죄를 선고받은 미란다의 판결은 연방대법원까지 올라가게 되는데, 연방대법원은 경찰이 수사 과정에서 미란다에게 진술 거부권과 변호인 선임권과 같은 피의자의 권리를 사전에 알리지 않았다는 이유로 그의 자백을 증거로 채택할 수 없다는 판결을 내렸다. 결국 미란다는 무죄로 풀려나게 되었다. 미란다를 석방한 연방대법원의 판결은 당시 많은 논란을 불러일으켰지만, 이후 범인 체포 시 경찰은 무조건 피의자의 권리를 알리는 절차를 거치게 되었다.

이 외에도 체포나 구속, 압수 수색의 경우 법원에서 발부한 영장이 필요하다는 점, 긴급 체포 시에도 48시간 이상 가둘 수 없다는 점, 재판 중에도 변호사의 도움을 받고 진술을 거부할 수 있는 권리 등, 피고인으로서의 인권 역시 침해당하지 않게 하기 위한 절차가 있다.

앞서 말했듯이 피의자와 피고인의 인권 보호를 위한 장치는 종종 여론의 공격 대상이 된다. 특히 사형 제도를 둘러싼 논쟁은 아직까지도 뜨겁다. 흉악 범죄를 막기 위해선 강력한 처벌이 필요하다는 주장과 잘못된 판결로 인해 무고한 사람이 희생될 수 있다는 주장이 맞부딪친다. 우리나라는 사형 제도가 법률상으로는 남아 있지만, 마지막 사형 집행일이 1997년 12월 30일로, 20년 넘게 사형을 집행하지 않고 있다. 국제 인권 단체인 앰네스티^{Amnesty International}는 10년 이상 사형을 집행하지 않은 국가를 '실질적 사형 폐지국'으로 분류하고 있고, 한국은 그런 의미에서 사형 폐지국이라고 할 수 있다. 잔혹한 연쇄 살인범이나 아동에게 끔찍한 범죄를 저지른 이들을 사형시켜야 한다는 여론이 크지만, 현재 사형 집행은 멈춰 있는 상태이다.

사회법은 사회 공공의 이익을 실현하기 위한 법으로 공법
과 사법의 중간 지대에 있는 법이라고 할 수 있다. 공적 주
체인 국가가 사적인 부분에 일부 개입하는 법으로, 근대
시민 사회와 자본주의가 발달하면서 등장했다. 개인주의
와 자유주의를 강조하는 시민 사회의 등장으로 인해 극심
한 경제적 빈부 격차가 두드러지고, 기본권조차 보호받지
못할 정도로 비인간적인 생활을 하는 사회 경제적 약자
들이 나타나게 되었다. 특히 당시 여성 노동자의 열악한
노동 환경과 아동 노동 착취 등은 수많은 사고를 거치면
서 시민 사회에 심각성을 알렸다. 또한 대공황과 같은 경
제 침체 속에서 참담한 삶을 이어 가는 국민을 구제하기
위해 국가가 나서기 시작했는데, 이렇게 사적인 영역이라
할 수 있는 경제 활동과 사회 분야에 국가가 나서서 국민
들이 최소한의 인간다운 삶을 누릴 수 있도록 해 주는 것
이 사회법의 목표이다.

　사회법은 크게 세 분야로 나눌 수 있는데, 노동자들을
보호하기 위한 노동법, 개인의 인간적인 삶을 보장해 주
기 위한 사회 보장법 그리고 시장에서의 강자의 횡포를

막기 위한 경제법이 있다. 노동법은 노동자와 기업 관계에서 약자의 위치에 있다고 할 수 있는 노동자를 보호하기 위한 것으로, 노동조합을 결성하거나 단체로 의견을 모으고 파업을 할 권리 등이 포함되어 있다. 근로 기준법처럼 노동자의 노동 기준을 마련한 법을 통해 노동 착취나 강제 노역에 시달리지 않도록 하기도 한다.

사회 보장법은 재해나 실업, 장애, 질병과 노령화로 인해 소득이 중단된 경우, 이를 뒷받침해 주기 위해 마련된 법이다. 산업화 이전까지만 해도 가난은 개인의 문제이지 국가가 나서서 구제해 줄 문제로 여겨지지 않았다. 하지만 19세기를 지나면서 생겨난 빈민과 열악한 환경의 노동자들은 곧 하나의 계급 집단으로 발전했고, 곧 급진적인 사회 변화나 사회 혁명을 일으키기도 했다. 이에 안정된 사회를 만들기 위한 목적으로 사회 복지 제도가 등장했다. 사회 보험법이라 불리는 비스마르크Otto Eduard Leopold von Bismarck의 질병 보험법에 이어 산업 재해 보상 보험법이 만들어졌고, 1911년 영국에서 최초의 실업 보험이라 할 수 있는 국민 보험법이 나타났다. 최초의 포괄적인 사회 보장법은 1930년대 대공황 당시 미국의 루스벨트 대통령이 시행한 뉴딜 정책* 중 하나였고, 2차 대전이 끝난 후 세계 선진국은 복지 국가로 빠르게 전환했다.

경제법의 목적은 자유로운 경쟁을 보장하면서 시장의 원리가 작용하도록 하기 위함이다. 소비자를 보호하기 위한 소비자 기본법과 같은 것도 있지만, 특정 기업이 시장을 독점하지 못하게 막고 가격 담합**을 금지하는 독점 규제법이 있다. 세계 최초의 독점 규제법은 미국에서 만들어진 셔먼법***이다. 개혁주의자였던 시어도어 루스벨트 Theodore Roosevelt 대통령은 강력한 의지를 갖고 석유왕 록펠러의 스탠더드 오일사와 금융가 존 피어폰트 모건의 노던 시큐리티스사를 해체한 바 있다. 미국 석유 시장의 90%를 차지하고 있었던 독점 기업 스탠더드 오일은 30여

....

* 1933년 미국의 대통령 루스벨트가 경제 공황에 대처하기 위하여 시행한 경제 부흥 정책으로, 정부가 경제 활동에 적극적으로 개입해서 경기를 조정하는 방침

** 같은 업종에 있는 사업자들끼리 몰래 계약이나 협정을 맺고 물건값을 결정하는 행위

*** 1890년에 제정된 미국의 반독점법의 하나로, 주(州) 사이나 외국과의 거래를 독점하거나 제한하는 모든 기업의 결합 및 공모를 금지하는 법

개의 기업으로 쪼개졌다. 이들은 지금까지도 엑손 모빌, 셰브론, 아모코와 같은 대규모 석유 기업으로 남아 있다.

시대가 바뀐 만큼 반독점법의 규제를 받는 기업 또한 바뀌었다. 최근 미국에서는 플랫폼 기업들의 시장 독점을 두고 논쟁이 벌어지고 있다. 세계 최대 검색 서비스 기업인 구글과 전자 상거래 플랫폼인 아마존, 소셜 미디어의 황제 페이스북과 애플을 겨냥해, 미국 의회에서는 소비자 보호의 측면에서 반독점 규제를 시행해야 한다는 목소리가 나오고 있다.

....
* 많은 사람들이 이용하는 컴퓨터 프로그램이나 모바일 앱, 웹 사이트 등을 운영하는 기업

공정한 재판을 위해 사법권의 독립이 필요함. / 우리나라는 세 단계의 심급 제도를 가지고 있고, 하급 법원 판결에 불복할 경우 항소와 상고를 할 수 있음. / 헌법재판소는 위헌 법률 심판, 헌법 소원 심판, 탄핵 심판, 위헌 정당 해산 심판, 권한 쟁의 심판을 하는 기관임. / 죄형 법정주의는 마음대로 죄목을 씌우고 형벌을 내리는 것을 막기 위해 만들어짐. / 피의자의 인권 보호 문제는 항상 논란의 중심에 서 있음. / 사회가 복잡해지고 다양한 이슈가 등장하면서 사회법과 경제법이 등장함.

외교

외교라는 예술

영화 〈300〉 초반에 등장하는 유명한 장면이 있다. 스파르타의 왕 레오니다스가 페르시아에서 온 오만한 사신의 가슴팍을 발로 밀어 차며 커다란 우물 같은 낭떠러지로 떨어뜨린다. 그리고 곧바로 페르시아와의 전쟁을 준비한다. 이 장면을 보고 든 생각. '음, 실패한 외교인가?' 목숨을 빼앗긴 페르시아인은 외교관이라기보다는 사신이었고, 사신의 목숨을 빼앗는 것은 대체로 한판 크게 붙자는 것을 의미하는 것이었다. 그렇다면 폭력을 뺀 '외교'는 언제부터 존재했을까?

외교는 전쟁이나 무력을 사용하지 않고 평화적인 방법으로 한 국가가 자국의 이익을 달성하는 일을 말한다. 아마 인류가 생겨났을 때부터 외교는 있었다고 봐야 하지 않을까 싶다. 사신이든 직업 외교관이든, 외국과의 관계를 다루는 사람과 일은 국가가 등장하기 이전의 부족 시대에도 있었다. 히타이트와 이집트는 기원전 13세기에 인류 최초의 평화 조약을 맺기도 했다.

그렇지만 지금과 같은 근현대적 외교 시스템은 르네상스 시절 이탈리아의 도시 국가들로부터 출발했다고 보는 학자들이 많다. 물론 르네상스 시절 이탈리아반도에 있었던 도시 국가가 현재의 '국가'로서의 형태를 갖추었다고 볼 수 없다는 반론도 있다. 그렇지만 국익을 추구하는 외교의 기초를 다진 것이 이 시기부터라는 말은 틀렸다고 볼 수 없다. 이때부터 상대국에 항상 머무는 외교관이 생겼기 때문이다.

당시 외교관들의 주요 업무는 파견된 국가의 정치 사회 경제적 상황을 자세히 살펴서 본국에 '보고'하는 것이었다. 사실 지금이라고 크게 다르지 않다. 외교관은 머물고 있는 국가에서 벌어지는 일들이나 상황 정보를 수집하고 분석해서 본국의 정책 결정자들이 외교 정책을 세우는 데 도움을 주는 사람이다. 그래서 외교관을 두고 농담 삼아 허가받은 스파이라고 부르기도 한다.

외교관

외교관이라고 하면 아무래도 대사ambassador가 가장 먼저 떠오른다. 한 나라를 대표해 상대국에 파견된 외교 사절단 중 가장 높은 계급이다. 그다음 계급이 공사minister인데, 한 가지 구분해야 할 것은 영사consul이다. 영사는 외교 업무를 다루지 않는다. 무역 통상 관련 이익을 관리하고 여권 발급 등의 업무를 수행하면서 주재국＊에 거주하는 자국민을 보호하는 일을 한다.

외교관에게는 여러 가지 권한이 주어지는데, 먼저 면책＊＊ 특권을 들 수 있다. 일전에 주한 벨기에 대사의 부인이

....

＊ 외교관이 국가의 명령을 받아 머물러 있는 나라
＊＊ 책임이나 책망을 면함

한 의류 상점에서 점원을 향해 폭행을 저지르고 갑질을 하는 사건이 있었다. 이때, 대사의 부인은 면책 특권 덕분에 형사 처벌을 받지 않았다. 반면 음주 운전으로 적발된 주한 중국 총영사관의 영사는 한국 검찰에 송치되었다. 영사에게도 면책 특권이 있지만, 어디까지나 '공무'와 관련된 경우에만 해당되기 때문에 법적 처벌 대상이 된 것이다. 음주 운전은 사적 업무라고 볼 수 있다. 대사, 공사, 대사 대리에게 '공무'와 '사적 업무' 모두에 면책 특권이 주어지는 것과는 다르다.

이러한 규범들은 1960년대에 국제법으로 만들어졌다. 대사, 공사, 대사 대리에게는 '외교 관계에 관한 빈 협약'이 적용되고 영사에게는 '영사 관계에 관한 빈 협약'이 적용된다.

외교 공관장이 주재국으로 오기 위해서는 주재국 중앙 정부의 승인이 필요한데, 이를 아그레망agrément이라고 한다. 간혹 아그레망을 받지 못하는 경우도 있다. 이럴 때 승인받지 못한 공관장 후보를 '페르소나 논 그라타persona non grata', 즉 '기피 인물'이라고 한다. 여러 가지 이유가 있겠지만, 외교 사절로 받아들이기 어렵다는 의미이고, 이럴 경우 본국에서는 다른 인물을 골라야 한다. 아그레망을 받고 주재국에 가게 된 공관장은 본국에서 받은 신임장을 들고 상대국의 국가 수장에게 가서 인사를 해야 한다. 물론 주재국의 자국민과 관련된 업무를 보게 되는 영사는 아그레망이 필요 없다.

공공 외교

외교의 영역은 왠지 일반 국민의 일상과 멀리 떨어져 있는 것처럼 느껴진다. 국가 간의 일이어서인지, 전문 외교관이나 정부 관계자들끼리 알아서 처리하는 일로 다가온다. 하지만 요즘의 외교에서는 상대국 국민에게 가까이 다가가는 활동을 매우 중요하게 여긴다. 주재국 국민과 직접 소통하고 그들의 역사와 문화, 예술, 가치에 적극적으로 호응하는 모습을 보여 줌으로써 상대 국민의 호감을 사는 것 역시 외교 활동이기 때문이다. 이를 두고 공공 외교public diplomacy라고 하는데, 많은 국가는 공공 외교를 통해 자국의 이미지와 브랜드를 향상시키고 있다. 공공 외교가 당장 눈에 보이는 결과를 낳지는 않지만, 외교력을 상승시킨다고 보기 때문이다.

'공공 외교'가 등장한 것은 1965년이다. 미국 터프츠대학교에 있는 외교 정책 전문 대학원인 플레처 스쿨에서 '에드워드 머로우 공공 외교 센터'를 세우면서 공공 외교라는 말을 사용했다. 앞서 말한 것처럼, 주재국 국민과 소통하며 주재국 정부가 본국에 대한 외교 정책을 세우고 적용하는 데 긍정적인 영향을 주는 것을 목적으로 한다.

우리나라에 와 있는 대사관에서 우리 국민을 대상으로 여러 가지 행사를 개최한다든지, 문화원을 통해 언어와 문화를 교육하는 것들이 모두 공공 외교에 들어간다. 일종의 매력 경쟁이라고도 할 수 있는 공공 외교는 냉전이 한창이던 시기에 크게 주목받은 바 있다. 자유 진영과 공산 진영은 자기 편이 되어 줄 나라를 확보하기 위해 경쟁하면서 공공 외교에 큰 노력을 쏟았다. 편을 늘려 진영을 키우는 것으로 체제의 우월함을 증명할 수 있었기 때문이다. 하지만 공산주의 국가들이 무너지면서 냉전이 종식되고, 이와 함께 공공 외교의 필요성은 잠시 후퇴했다.

그러나 결국 군사력이나 경제력으로만 밀어붙이기에는 외교의 한계가 있다는 생각이 퍼지면서 다시 한번 공공 외교는 중요한 외교 기술로 등장하게 되었다. 소셜 미디어와 같은 뉴 미디어의 등장도 공공 외교가 발전하는 데에 큰 역할을 했다. 요즘 외국 공관장들은 웹 사이트는 물론이고 SNS를 통해 주재국 국민과 활발하게 소통한다. 한 번쯤 한국에 있는 외국 공관이나 문화원의 행사에 참여해 보는 것도 흥미로운 경험이 될 것이다.

국제 연합

인류의 역사는 전쟁의 역사다. 역사학자 윌 듀랜트Will Durant는 '기록이 된 3421년의 역사 중 전쟁이 없었던 해는 268년에 불과했다'라고 말한 바 있다. 지난 한 세기 동안에만 1차 세계 대전과 2차 세계 대전이 연달아 일어나면서 수많은 목숨이 희생되었다. 1차 대전에서만 1,000만

---

* 독일·오스트리아·이탈리아의 삼국 동맹과 영국·프랑스·제정 러시아의 삼국 협상이 대립하여 일어난 세계적 규모의 전쟁
** 세계 경제 공황 후, 파시즘 체제에 있던 독일·이탈리아·일본 등의 군국주의 나라와 미국·영국·프랑스 등의 연합국 사이에 일어난 세계적 규모의 전쟁

명에 가까운 희생이 있었고, 2차 대전에서는 무려 4,000만 명이 넘는 민간인이 목숨을 잃었다. 군인 2,000만 명까지 합하면 총 6,000만 명 이상이 사망했다. 그야말로 인간성이 말살된 전쟁이었다. 두 차례에 걸친 세계 대전 후, 많은 국가가 다시는 이런 참극이 일어나서는 안 된다는 인식에 동의하게 되고, 제한적일지라도 규범과 제도를 만들어 국제 협력을 꾀하자는 움직임이 생겼다. 무엇보다도 국제 평화를 유지하고 분쟁을 해결할 수 있는 기구를 세우기로 합의하게 되는데, 그렇게 해서 만들어진 것이 바로 국제 연합, 유엔UN, United Nation이다.

1945년 4월, 2차 대전이 끝나기 전, 샌프란시스코에서는 '국제기구에 관한 연합국 회의'가 열린다. 회의에는 연합국 측인 미국, 영국, 중국, 소련을 비롯한 50개국이 참여했다. 당시 중국은 현재의 중국이 아니라 장제스 총통이 이끌던 중국 국민당 정부였다. 이 자리에서 유엔 헌장을 작성하고 서명한 후, 각국으로 돌아간 대표들은 각 의회의 동의를 받았다. 유엔은 10월 24일 공식 출범했다. 현재 유엔은 뉴욕에 본부를 둔, 193개국 회원을 가진 세계 최대 규모의 국제기구이다.

유엔 조직 아래에는 여러 전문 기구가 속해 있다. 우리에게 가장 익숙한 것은 아마 총회General Assembly와 안전보장이사회Security Council일 것이다. 총회는 모든 유엔 회원국으로 구성된다. 유엔 정기 총회는 매년 9월에 시작해서 12월까지 진행되는데, 각국의 정상이나 수석대표가 참가해서 연설을 한다. 그리고 수백 개의 결의안을 발의하고 투표를 한다. 각 회원국은 1개의 투표권을 가진다. 그러나 총회 결의안은 법적 구속력이 없다. 권고 사항 정도로 받아들여지고 상징적인 의미만 가질 뿐이라, 겉치레라는 비판도 있다.

많은 이들이 유엔의 핵심 기관으로 꼽는 것은 안전보장이사회이다. 우리가 언론에서 종종 듣는 유엔 안보리가 유엔 안전보장이사회를 줄여 부르는 말이다. 안보리는 5개의 상임 이사국과 10개의 비상임 이사국들로 구성되어 있다. 미국, 영국, 프랑스, 러시아 그리고 중국이 상임 이사국이고, '상임'이라는 말이 의미하듯 이들은 이사국으로서의 위상을 항상 유지한다. 영어로는 Permanent Members라고 해서 P5라고 줄여서 말하기도 한다. 비상임 이사국은 해마다 다섯 국가씩 엇갈려서 교체되는데,

임기는 2년이다.

총회에서의 결의안과 달리, 안보리에서 결의가 된 안은 법적 구속력을 갖는다. 그런 의미에서 유엔의 진정한 실세라 할 수 있다. 안보리에서 결의안이 통과되려면 15개 이사국 중 9개국이 찬성해야 하는데, 여기서 중요한 조건이 하나 있다. 상임 이사국인 다섯 국가 모두 거부권을 행사하지 않아야 한다는 점이다. 예를 들어, 비상임 이사국 다섯 국가와 상임 이사국 네 국가가 찬성할 경우, 모든 상임 이사국의 찬성을 끌어내지 못했기 때문에 결의안은 통과될 수가 없다. 그런 이유로, 유엔이라는 다국가 협의체는 결국 다섯 강대국의 국익에 따라 움직인다는 비판을 면치 못하고 있다.

커피 클럽

다섯 국가에 의해 모든 것이 좌지우지되는 것이 불합리하다며, 상임 이사국 숫자를 늘리자는 의견이 종종 제기되어 왔다. 사실 당시 상임 이사국은 2차 대전 당시 연합국을 중심으로 꾸려졌던 것인데, 2차 대전이 끝난 지가 벌써

80년이 다 되어 간다. 그동안 국제 정세는 상상할 수 없을 만큼 달라졌는데, 당시의 상임 이사국을 그대로 유지하는 것은 시대에 맞지 않는다는 것이다. 많은 국가들은 그들만의 리그 같은 상임 이사국에 들고 싶어 한다. 유엔에서 상임 이사국이 된다는 것은 그야말로 세계의 슈퍼파워 중 하나라는 인정이나 다름없고 국제 사회에서의 외교력이 엄청나게 상승하는 것이기 때문이다. 대표적인 후보로 거론되는 국가로 일본, 인도, 독일, 브라질이 있다.

그런데 이들 국가의 상임 이사국 가입을 결사적으로 반대하는 국가들이 있다. 먼저 인도의 경우는 앙숙인 이웃 나라 파키스탄이 반대하고 있다. 독일은 아무래도 전범 국가라는 딱지도 있거니와, 주변의 이탈리아, 스페인, 네덜란드와 같은 국가들이 반대하고 있다. 브라질 역시 남미에서 규모와 역사로 자웅을 겨루는 아르헨티나가 반대하고 있고, 일본은 당연히 우리나라가 반대하고 있다. 1990년대 중반 추가 상임 이사국 이야기가 나왔을 때, 각자 '내 눈에 흙이 들어오기 전까진 안 돼'라는 심정을 가진

---

* 전시에 전투에 관한 국제 법규를 어기거나 비인도적 행위를 한 국가

국가들이 모였다. 모임을 갖던 중, 이탈리아 대사가 다음과 같이 한마디 했다고 한다. "우리, 커피나 한잔 마시고 시작할까요?" 이후부터 이 국가들을 '커피 클럽'이라고 부른다.

국제법

오늘날 국제법은 30년 전쟁을 마감한 1648년의 베스트팔렌 조약을 시점으로 등장했다고 본다. 당시는 유럽에서 '국민 국가'가 싹트던 시기로, 국가 간 관계와 질서가 만들어지기 시작했다. 따라서 이를 조정할 국제법이 자연스레 필요해졌다. 이때 국제법의 아버지라 불리는 휘호 흐로티위스Hugo Grotius의 《전쟁과 평화의 법On the Law of War and Peace》은 베스트팔렌 정신의 기초가 되었다.

그렇지만 유엔 내 국제사법재판소International Court of Justice라는 기구가 만들어지기 전까지는 조약이나 관습법에 의존하는 경우가 많았다. 조약이란 국가 간에 체결한 합의를 의미하는데, 국가 간 체결된 조약은 다시 한번 국내에서 입법 기관의 동의를 거쳐야 법적 효력을 갖게 된다. 관습법은 오랜 시간 관행으로 지켜 온 것들을 가리키는데, 외교관에 대한 면책 특권이라든지, 전쟁 포로에 대한 인도적 대우 등이 있다.

1945년 네덜란드의 헤이그에 설립된 국제사법재판소는 대륙별로 할당된 15명의 재판관으로 구성되고 국가 간의 법적 분쟁을 국제법에 따라서 해결하는 역할을 한다. 그렇다면 국제사법재판소는 얼마나 제대로 된 역할을 하고 있을까? 아무래도 한계가 있다고 할 수밖에 없다. 국제법은 국내법처럼 강력한 법체계로 여겨지지 않는 데다가, 당사국 모두가 소송을 제기하는데 동의를 해야만 재판이 열린다. 강제성이 없는 것이다. 그리고 판결이 나더라도 권고에 그칠 뿐, 법적인 제재를 가하기 어렵다. 일례로 2014년 국제사법재판소는 일본의 남극해 고래잡이 프로그램인 '자프라II'가 과학적 조사의 목적이 아니라 판단하고, 고래잡이 허가를 내주는 것을 중단하라고 명령한 바 있다. 하지만 일본은 여전히 이를 무시하고 남극해에서 고래잡이를 하다가 여러 차례 적발되었다.

국제적 이슈를 해결하는 국제 재판소는 또 있다. 국제형사재판소International Criminal Court는 2002년, 인류애를 저버린 개인의 범죄를 다루기 위해 설립되었다. 기존의 국제사법재판소가 국가 간의 분쟁만을 해결하기 때문에 놓치는 반인류적 범죄를 다루기 위함이었다. 집단 살해죄인 제노사이드, 전쟁 범죄, 반인도적 범죄, 침략 범죄를 저지른 이를 처벌하는 재판소로, 관할권을 갖는 국가에서 이러한 범죄자를 처벌하지 않거나 못할 경우 국제형사재판소가 관할권을 갖는다.

또 국제상설중재재판소Permanent Court of Arbitration도 있다. 1899년 설립된 것으로, 국가 간 분쟁 해결을 위한 재판소 중 가장 역사가 긴 재판소이다. 항상 고정된 법관이 있는 국제사법재판소와 달리 상설중재재판소에는 법관의 명단만 있다. 분쟁이 생기고 이를 해결해 달라는 국가들의 동의가 있을 시 재판이 진행된다. 최근의 중요한 판결로는 2016년 필리핀이 제기한 중국의 남중국해 영유권 주장에 대한 판결이다. 중국은 남해 9단선을 근거로 남중국해의 넓은 지역을 자신들의 영해 라 주장하고 있다. 하

....

* 일정한 영토에 대한 해당 국가의 관할권
** 영토에 인접한 해역으로서, 그 나라의 통치권이 미치는 범위

지만 상설중재재판소는 이 주장이 법적 근거가 없다며 무효라는 판결을 내린 바 있다. 중국은 강력히 반발했고 지금까지 이 결론에 부응하는 행동을 전혀 취하지 않고 있다.

약속의 효력

앞에서도 잠깐 언급했지만, 유엔을 비롯한 국제기구의 쓸모와 역할에 대해서는 회의적인 시각이 많다. 모든 국가가 평등한 것처럼 이야기하지만, 결국 중요한 의사 결정은 강대국의 이익에 맞추어 이루어지기 때문이다. 당장 국제 재판소에서의 판결들은 무시되는 경우가 많고, 조약을 체결해도 각국의 의회에서 허가를 받지 못하면 효력이 없다. 국내법과 국제법이 충돌하는 경우, 아무래도 국내법을 우선시할 가능성이 크다. 자국의 이익이 가장 중요한 까닭에, 국가의 이해관계에 따라 보편적 윤리가 가볍게 여겨지는 경우도 많다.

그럼에도 불구하고 유엔이 무용지물이고 국제 사회는 무조건 정글이라고만 할 수는 없다. 어찌 됐든 2차 대전

이후 80년 가까이, 세계는 세계 대전과 같은 무시무시한 대규모의 전쟁은 겪지 않았다. 특히 현대적이고 민주적인 사회가 구성되면서 야만적인 폭력이 점차 줄어들고 오랜 평화long peace의 시기를 맞고 있다.

물론 이에 대해 반론을 펼치는 학자들도 많다. 20세기 중반부터 펼쳐졌던 냉전 시기엔 미국과 소련의 대격돌이 없었을 뿐, 다른 지역에서 훨씬 더 많은 국지 전쟁*과 폭력이 오갔기 때문이다. 전 인류를 쓸어 버릴 만큼 강력한 무기가 쌓여 있고, 공격을 하려다가도 상대방이 엄청난 무기를 이용해 반격할 것이 두려워서 공격을 멈추게 되는 전쟁 억제력deterrence이 강대국들 사이에 강하게 작용하기 때문에, 대전쟁이 일어날 확률이 낮아졌을 뿐이다. 현재의 긴 평화는 인간성, 근대화와 사회화, 그리고 국제 질서를 확립하려는 노력이 가지고 온 결과는 아니라는 주장이다.

지금 우리가 누리는 평화로운 순간이 유엔을 비롯한 여러 국제기구와 국제법을 만들어 협력을 추구하는 질서

....

* 한정된 지역에서 일어나는 전쟁

를 유지하려는 노력 때문이었는지, 아니면 무시무시한 무기들이 가져다준 전쟁 억제력 덕분이었는지는 정확히 알 수 없다. 하지만 인류가 유례없이 긴 평화의 시기를 보내고 있는 것은 부정할 수 없다. 언제라도 3차 대전이 벌어질 것만 같았던 냉전 시대를 거쳐 미국이라는 슈퍼 강대국의 독주 시대, 그리고 여기에 도전하는 중국이 등장하는 시대를 지나가고 있다. 앞으로의 세계는 얼마나 안전할지, 함께 지켜보자.

외교는 무력을 사용하지 않고 평화적인 방법으로 자국의 이익을 달성하는 행위임. / 외교관은 주재국의 정보를 수집해 자국이 정책을 수립하는 데 도움을 줌. / 공공 외교는 상대국 국민에게 직접 다가가는 외교 방식을 의미함. / 국제 연합의 실권은 안보리와 상임 이사국에게 있음. / 국제법의 효력에 대한 회의적 시각이 있지만, 최소한의 질서를 만들었다는 데 의의가 있음.

정당

ㅈ 정당

정당의 기원

정치적 행위의 가장 작은 단위는 개인이다. 하지만 개인
의 힘만으로 정책 결정 과정에 영향을 미치기는 매우 어
렵다. 그래서 비슷한 정치적 견해를 가진 사람들이 원하
는 정책을 세우기 위해 모이게 됐고, 이렇게 모인 집단을
정당political party이라고 한다. 인간은 정치적 행위를 하면서
부터 정당 활동을 해 왔다고 할 수도 있는데, 그렇다면 정
당은 언제부터 등장했을까?

　그리스 민주주의에서 서로 뜻을 달리하는 학파나 당파

는 있었지만, 지금과 같은 정당은 존재하지 않았다. 고대 로마 공화정에서는 두 당파가 있었는데, 하나는 귀족들을 대변하는 귀족파, 다른 하나는 중산층을 대변하는 평민파였다. 사실 이름만 평민파이지, 돈 많은 상인과 중산층을 위한 당파였다고 보는 게 적절하다. 우리가 현재 보는 것과 비슷한 모습의 정당은 17세기 말쯤 되어서야 등장했다.

근대 정당의 모습은 역시 의회 정치의 출발점이라 여겨지는 영국에서 찾아볼 수 있다. 1678년 말, 교황이 당시 왕이었던 찰스 2세의 암살을 꾀했다는 거짓 음모론이 돌자, 의회는 공직을 맡는 사람은 영국 국왕과 영국 교회에 헌신할 것을 서약하는 강화된 심사법을 통과시켰다. 찰스 2세와 그의 후계자, 요크 공작(후의 제임스 2세)은 신실한 가톨릭 신자였다. 그러나 의회에는 성공회 교도가 많았기 때문에 요크 공작의 왕위 계승에 반기를 들었다.

이 사건으로 인해 의회에는 두 정치적 집단이 만들어진다. 찰스 2세의 편을 들었던 이른바 왕당파 사람들을 토리Tories라고 했고, 왕에게 대항하는 의회 사람들을 휘그Whigs라고 한 것이다. 이렇게 토리와 휘그가 출발했고, 지금도 영국에서는 보수당을 약칭으로 토리라고 부른다.

근대 민주주의를 싹틔운 미국에서도 건국하자마자 정당이 등장한다. 원래 미국을 세웠던 건국의 아버지들은 정당이 등장하는 것을 매우 우려했다. 자기 이익만 챙기는 정당은 국가의 통합에 바람직하지 않다고 생각했기 때문이다. 그럼에도 불구하고 조지 워싱턴 George Washington 초대 대통령이 대통령직에서 내려오자마자 정당이 생기고 말았다. 그것이 연방주의자당과 민주공화당이다. 나중에 민주공화당에서 나온 사람들이 정당을 하나 결성하는데, 그것이 민주당으로 현재까지 이어지고 있다. 좀 더 후에 민주당에서 앤드루 잭슨 Andrew Jackson 대통령의 독단적인 정책에 반대하는 이들이 빠져나온 정당이 휘그당이고, 휘그당 내에서도 노예 제도 폐지에 강력한 의지를 가진 이들이 분리해 나와서 만든 정당이 현재의 공화당이다.

대중 정당과 포괄 정당

현대 민주주의 사회에서 정당이 중요하게 여겨지는 이유는 대부분의 국가가 대의 민주주의를 시행하고 있기 때문이다. 대표자를 뽑아서 주권을 행사하는 대의 민주주의하에서의 정당은 자신들이 추천하는 후보를 국민들에게 선보이는데, 이것을 '공천'이라고 한다. 그러면 국민들은 여러 정당이 내놓은 후보들 중에서 선택을 한다. 정당이 중요한 중간자로서의 역할을 하는 것을 두고 현대의 민주 정치를 '정당 정치'라고도 부른다. 실제로 의회 정치가 시행되는 자유 민주주의 국가에서 정당 정치는 불가피하다.

정당이라는 일종의 구심점 없이 대중의 뜻을 한군데로 모으기란 매우 힘들다. 뜻이 모이지 않으면 대중의 의견이 힘을 갖고 위로 올라가기가 어렵기 때문에, 사회가 복잡해질수록 정당의 역할이 중요하다. 정치적 논란이나 사안을 두고, 어떤 의견을 가져야 할지 개인 혼자서는 결정하기 어려울 때가 있다. 이때 정당은 정리된 시선과 입장을 제시하며, 일종의 정치 길라잡이가 된다.

정당 정치의 역사가 길어지면서 어떤 유형의 정당이 나은 것인지에 대한 논쟁도 불거졌다. 대표적으로 대중 정당 유형과 포괄 정당 유형이 있다. 역사적으로 보았을 때 먼저 등장한 정당 유형은 엘리트 정당이다. 모든 이들에게 공교육의 혜택이 돌아가기 전에는 소수의 엘리트들만이 교육 혜택을 누릴 수 있었고, 정계에 진출할 수 있었던 것 역시 이 소수 엘리트들이었다. 의회 정치, 정당 정치라고 하지만, 사실상 대중은 실제 정치권으로 진입하기 어려웠다.

그러다 보니 사회의 상류 계층만을 위한, 일반 국민들과는 동떨어진 정당들만 의회에 존재하게 되었다. 당연히 정책도 그런 방향으로 흘러갔다. 이런 상황에 불만을 가진 노동자나 사회적 약자들은 자신들의 뜻을 대표하기 위한 정당이 필요하다고 생각했고, 그렇게 이들을 위한 정당이 등장하게 되었다. 이렇게 등장한 정당들은 노동자를 대표한다는 의미에서 '노동당labour party'의 이름을 단 경우가 많다.

이러한 성격의 정당을 '대중 정당mass party'이라고 말한다. 대중 정당은 이념 성향을 명확히 하고 여기에 동의하는 당원들과 함께 정체성을 만들어 간다. 선거에서 당의 후보들을 당선시키는 것도 중요하지만, 그게 일차적인 목표는 아니다. 대중 정당은 당원들을 중심으로 만들어진 정당으로, 당원들의 이념을 가장 우선시한다. 특히 이들은 정당을 매우 중요하게 생각하는데, 현대 민주주의의 표본이 된 대의 민주주의 제도하에서 국민의 뜻과 이익을 가장 잘 대표할 수 있는 것이 정당이라고 보기 때문이다. 개인 정치인의 힘보다는 많은 이들이 모여 한목소리를 내는 정당이 더 강한 영향력을 가진다고 보고, 정당이야말로 대의 민주주의의 주인공이라고 생각한다.

반면, '포괄 정당catch-all party'을 주장하는 이들은 '대중 정당'의 효용이 떨어진다고 지적한다. 복잡해진 현대 사회 속에서 개인은 계급이나 하나의 집단으로 규정되기 어렵다. 산업화 시대에 자본가와 노동자라는 양분법적인 구도 속에서 대중 정당이 각광을 받기는 했지만, 이제 현대 사회는 포스트 모던post-modern*의 시대로 접어들었다는 것이다. 노동과 자본 외에도 환경이나 인권같이 다양하고 많은 이슈들이 등장했고, 개인은 다각도로 자신의 정치적 성향을 짚어 보게 되었다.

이러한 변화에는 매스 미디어와 통신의 발달도 기여했다. 대중 정당의 가장 큰 행사는 전당 대회**이고 정당은

....

* 근대의 획일화된 틀에서 벗어나 자유로운 표현을 추구하는 사고방식
** 정당이 개최하는 전국적인 대의원 회의

전당 대회나 당 행사를 통해 당원들을 모아서 당의 이념과 정체성을 강화하곤 했다. 그뿐 아니라, 전당 대회는 정당의 강령이나 정책 방향, 그리고 같은 뜻을 가진 사람들을 확인하고 만나는 역할을 했다. 그런데 이런 행사들이 그다지 힘을 쓰지 못하게 되었다. 현대 사회는 '정당'과 같은 단체가 아닌 '개인'을 중심으로 돌아가기 때문이다. 매스 미디어와 통신이 발달하게 되면서 굳이 전당 대회가 아니어도, TV, 신문, 인터넷을 통해서 정보를 얻을 수 있게 되었고 온라인상에서 개인의 의견과 생각을 펼칠 수 있는 길도 열렸다.

그러다 보니 정당은 이념 강화와 정체성 정치보다, 후보를 공천하고 의회에서 더 많은 의석을 얻는 것이 큰 목표가 되었다. 게다가 이슈가 다양화된 까닭에, 많은 유권자를 확보하기 위해서는 특정 계급의 이익을 대변하는 것을 뛰어넘을 필요가 생겼다. 그렇게 정당이 세력을 확장하기 위해서 이념적 정체성을 어느 한쪽에 치우치지 않도록 옮기게 된다. 이념 투쟁을 강조하는 당원의 목소리는 상대적으로 작아지고 다양한 유권자, 정책 전문가, 후보자들의 의견이 중요해진 것이다. 이렇게 당원보다 유권자가 중요해지는 정당 유형을 포괄 정당이라고 할 수 있다.

일당제와 복수 정당제

정당의 숫자에 따라 하나의 정당을 가진 일당제 국가와 여러 개의 정당을 가진 복수 정당제 국가로 구분한다. 대부분의 자유 민주주의 국가에는 여러 정당이 있다. 한 국가에 제각기 다른 생각을 하는 사람들이 있는데 하나의 정당으로 그들의 이익을 모두 대변한다는 것은 불가능한 일이다. 정당들은 더 많은 국민의 지지를 얻고 정권을 획득하기 위해 경쟁을 한다.

미국처럼 양당제, 즉 두 개의 정당이 오랜 시간 명맥을 유지해 온 국가는 매우 드물다. 물론 미국에서도 제3 정당이 나타났지만 살아남지 못했고, 민주당과 공화당은 200년 가까이 양대 정당으로 서로 경쟁하고 있다. 하지만 자유 민주주의 국가라면 대체로 두 개 이상의 정당이 있다.

다만 정당이 너무 많으면 세력이 분산되기 마련이다. 한 정당이 책임지고 국정을 끌고 나갈 만큼의 세력을 확보하지 못하기 때문에, 여러 정당으로 이루어진 연합 정부를 구성해야 한다. 연합 정부 혹은 연합 내각은 아무래도 다른 뜻을 가진 이들이 권력을 잡기 위해 모인 것이기에 안정적이지 못하다는 비판을 받는다.

대신 한 정당이 국정의 책임을 온전히 지는 경우는, 다양한 국민의 뜻을 정책에 반영하지 못한다는 비판이 있다. 물론 한 정당이 견제 없이 독점적으로 권력을 행사하는 권위주의 정권도 있다. 이런 경우 국민들은 비판 없이 그 정당이 내세우는 정책을 받아들여야 하는데, 북한과 중국, 베트남 같은 공산 국가가 그런 경우이다.

정당 일체감

현대 사회가 복잡해지고 개인화가 되어 가면서 사람들이 정치에 관심을 쏟기가 쉽지 않아졌다. 어쩌면 정치에 관심을 가지지 않아도 될 정도로 편안한 것이 제일 좋은 것일 수도 있겠다. 하지만 매일매일 새로운 뉴스가 쏟아져 나오고, 민주 시민이라면 이슈마다 어떤 것이 옳은지 판단을 내려야 할 때가 있다. 특히나 선거가 다가올수록 그러하다. 어떤 사람과 어떤 정당이 내 지역구를 잘 대표하고 국정을 잘 이끌어 나갈 수 있을까?

가장 이상적인 경우는 유권자가 정책과 이슈들에 관한 공부를 끝낸 후 자신의 생각과 가장 일치하는 사람이나 정당을 선택하는 것이다. 하지만 현대인은 그렇게 한가하지 않고, 인간은 언제나 이성적으로 판단할 수 없다. 그래서 어떤 정당을 지지할지 결정을 내려야 할 때 가장 빈번하게 기준으로 삼는 것이 있다. 바로 정당 일체감party identification이다.

'일체감'은 굉장히 강한 말이다. 정당과 내가 하나 됨을 느낀다는 것이 꽤나 비장하다. 그래 봤자 정치적 신념이 비슷한 사람들끼리 모인 결사체인데, 이렇게까지 표현해야 하는 이유가 있는 걸까? 1960년대 미국 미시간대학교의 학자들은 정당 일체감 이론을 내놓았다. 유권자들이 투표할 때에 가장 중요한 기준이 되는 것은 합리적 판단도, 정책 일치도도 아닌, 정당 일체감이라는 것이다. 일체감이라고 부르는 이유는, 한번 형성된 정당에 대한 지지는 마치 심리적 애착과 같아서 웬만하면 변하지 않기 때문이다. 이런 일체감은 어린 시절 가족과 정치 사회 이슈에 대한 의견을 나누면서 형성되기도 하고, 믿을 수 있는 친구와의 대화에서 형성되기도 한다. 그리고 정말 어지간 한 정치적 동요가 있지 않으면 잘 변하지 않는다.

정당 일체감은 어떤 이슈에 대해 의견을 정할 때도 중요한 기준이 된다. 내가 지지하는 정당의 유명 정치인 혹은 리더, 나와 성향이 비슷한 언론 매체가 이 이슈에 대해 어떤 의견을 내세우느냐에 따라 나의 관점도 가공되기 때문이다. 사실 우리는 모든 이슈에 대해 전문가적인 지식을 가질 수는 없다. 그런 면에서 정당은 상당히 괜찮은 기준점이 되기도 한다. 하지만 이런 태도는 자칫 논리를 마비시킬 위험이 있다. '내가 미는 정당이 하는 말은 무조건 진실이야' 혹은 '상대 정당의 말은 모두 거짓이야'라는 편향적 태도를 가질 가능성이 매우 높기 때문이다.

정당은 대의 민주주의에서 무시하기 힘든 플레이어가 되었다. 그러다 보니 당연히 비난을 받기도 하는데, 먼저 정당 조직이 거대해지면서 누구를 위한 정당이냐는 비판이 나온다. 또한 정당 내에서의 정책 결정 과정이 민주주의 사회에 맞지 않게 비민주적이라는 지적도 받는다. 충분한 회의나 토론을 통해서가 아니라 지도부의 뜻에 맞추어 당론이라는 것을 정하고, 또 무조건 이것을 따를 것을 요구하는 등 당 운영이 권위적으로 이루어진다는 것이다. 그리고 선거에서 승리하고 최대한 많은 의석을 차지하는 것이 목표가 되다 보니, 진정한 이념이나 정책을 추구하는 정당으로서의 공적 역할을 하기보다 이익 집단처럼 행동하는 경우도 종종 생긴다. 지금처럼 사회가 다원화되면 국민들의 요구도 다양해지기 마련인데, 과연 정당들이 잘 따라가 주고 있는 것인지도 의심스럽다.

이 모든 것들은 정당 정치에 대한 국민들의 불신을 사게 되고, 결국 민주주의 자체에 회의를 느끼게 할 수 있다. 몇 년 전 화제가 되었던 레비츠키Steven Levitsky 교수와 지블랫Daniel Ziblatt 교수의 《어떻게 민주주의는 무너지는가 How Democracies Die》에서는, 민주주의를 지키기 위한 정당의 역할을 강조하고 있다. 극단주의자가 생겼을 때, 민주주의에 위협을 가하는 일이 생겼을 때, 정당은 문지기의 역할을 해야 한다. 이념이 다른 정당과 손을 잡는 것도 감수하면서 가장 먼저 지켜야 할 것은 민주주의라고 두 명의 학자는 강조한다. 우리의 정당들은 과연 그런 역할을 잘하고 있는지 궁금하다.

정치적 행위를 위해 모여 만든 정당은 영국 의회에 기원을 둠. / 정당의 유형은 대중 정당과 포괄 정당으로 나눌 수 있음. / 정당이 하나인 나라에서는 다양한 의견을 포용하기 어려움. / 너무 많은 정당이 난립할 경우, 정책 결정이 더뎌지고 사회적 혼란이 올 수도 있음. / 많은 유권자가 정당 일체감에 의존해 투표하는 모습을 보임.

참정권

ㅊ 참정권

참정권, 말 그대로 정치에 참여할 수 있는 권리를 의미한다. 시민이 정치에 참여할 수 있는 제도적 방법은 선거가 가장 대표적인 까닭에, 참정권을 선거에 참여할 수 있는 권리와 같은 의미로 쓰기도 한다. 당연한 이야기겠지만, 권력을 잡은 이는 그 권한을 다른 이와 나누는 것을 좋아하지 않는다. 그래서 참정권의 역사는 어찌 보면 정치 결정 과정을 독점하는 인싸들과 기를 쓰고 이너 서클에 들어가고 싶어 하는 아싸들의 갈등 과정이라고도 할 수 있다. 그리고 그 역사는 때로는 신이 나고 때로는 참혹하기도 하다.

우리가 민주주의의 기원으로 보는 고대 아테네에서 참정권은 모두에게 주어지지 않았다. 오로지 성인 남성만이 이 도시 국가의 정책 결정 과정에 참여할 수 있었다. 이후 근대 사회에서는 재산의 크기에 따라 참정권을 부여하기도 했는데, 세금을 내는 이들만이 국가 경제 및 정책에 목소리를 낼 자격이 있다는 이유에서였다. 그리고 공교육이 없었던 시절이었기에 무지한 일반 대중이 중요한 국가 정치에 영향을 끼쳐서는 안 된다는 것이다. 지식이 있는 현자들에게 맡겨야 한다는 뜻이라고 할 수 있다. 그리고 두려움도 있었을 것이다. 계급이 있던 사회에서 권력은 소수의 손에 있었다. 만일 다수의 대중이 정치권으로 들어와 목소리를 내기 시작한다면, 그들이 가지고 있던 권력을 빼앗길 수도 있을 테니 말이다.

투표권을 위한 투쟁은 수도 없이 많았지만, 대표적으로 영국의 차티스트 운동을 들 수가 있다. 1838년부터 1848년 사이에 일어났던, 노동자 계층에게도 투표권을 주어야 한다는 운동이었다. 당시 영국에서는 일정 수준의 재산을 가진 성인 남성에게만 투표권이 주어졌다. 한마디로 정치 참여는 높은 지위나 재산이 있는 사람들에게만 허용되었던 것이다.

19세기 중반은 산업 혁명으로 인해 공장이 세워지고 많은 노동자들이 도시로 몰려들었을 시기이다. 노동자의 인권이 보호받지 않았을 때였고, 현재 노동자들이 누리는 노동 삼권˙이라든지 인간적인 삶을 유지하기 위한 안전망이 전혀 없을 때였다. 그들의 목소리를 대변해서 정책에 반영시킬 수 있는 대표들이 의회에 들어가지 못했기 때문이기도 하다. 이에, 노동자들이 한목소리로 자신들도 투표할 수 있는 권리를 달라고 외친다.

6개 요구 조항이 담긴 헌장 People's Charter 을 내세웠기에 차티스트 운동이라고 불리는데, 이 헌장에 담긴 내용은 다음과 같다.

....

˙ 헌법에 명시된 근로자의 세 가지 기본 권리. 노동자가 노동 조건을 유지·개선하기 위하여 단체를 결성할 수 있는 단결권, 노동조합 대표자가 노동 협약의 체결에 관하여 직접 교섭할 수 있는 단체 교섭권, 노동 사용자에 대항하여 단체적인 행동을 할 수 있는 단체 행동권을 이른다.

첫째, 21세 이상 남성의 보통 선거권을 인정한다.

둘째, 하원 의원 출마자의 재산 자격 제도를 폐지한다.

셋째, 의회 의원들의 임기를 1년으로 한다.

넷째, 인구 비례에 따른 평등한 선거구를 획정할 것을 요구한다.

다섯째, 하원 의원에게 보수를 지급한다.

여섯째, 비밀 투표를 보장한다.

　　결론부터 말하자면, 차티스트 운동은 실패했다. 하지만 위의 요구 사항 중 의원들의 임기 1년 조항만 빼면 대부분은 추후에 이루어졌으니, 그들의 노력은 헛되지 않았다.

여성들의 참정권

고대 아테네에서도, 로마 공화국에서도, 프랑스 대혁명과 차티스트 운동 그리고 미국이 독립한 후 세웠던 민주정하에서도, 여성의 투표권은 인정되지 않았다. 사실 아테네는 여성을 극심하게 차별하던 사회였다. 왕정을 무너뜨렸던 프랑스 대혁명 당시에도 여성들은 정치에서 배제되었고, 여성의 참정권을 주장했던 올랭프 드 구주Olympe de Gouges는 단두대에서 처형되기도 했다.

미국 역시 독립 전쟁을 치르고 민주 공화정을 수립했음에도 정치에 참여할 수 있었던 이들은 일정 수준의 재산을 가진 성인 남성들이었다. 여성들은 곧 자신들도 정치에 참여할 수 있게 해 달라는 요구를 하게 되는데, 19세기에 시작되었던 참정권 운동은 20세기가 되어서야 결실을 보게 되었다.

이렇게 영국의 차티스트 운동에서도, 프랑스 대혁명 당시에도, 미국이 독립한 후 세웠던 민주정하에서도, 늘 누군가에게는 참정권이 주어지지 않았다. 그 누군가는 여성을 비롯한 소수자 집단이었다. 역사를 통해서 보았을 때 투쟁과 희생 없이 참정권을 손에 넣은 소수자 집단은 거의 없다. 이미 권력을 가진 이들은 양보하지 않으려 했고, 이는 그만큼 참정권을 가진 대중이 행사하는 권력이 막중함을 의미하는 것이다.

정치 효능감은 자신의 정치적 행동이 정치 과정과 결과에 영향을 미칠 수 있다는 감정이다. 한마디로 정치적 자신감이라고도 할 수 있다. 정치 효능감에는 내적 정치 효능감과 외적 정치 효능감이 있다. 내적 정치 효능감은 돌아가는 정치 상황을 이해하고 자신의 정치적 행동이 사회에 영향력을 발휘할 수 있다는 신념을 의미한다. 반면 외적 정치 효능감은 내가 목소리나 의견을 냈을 때 정치 기구나 관료들이 이에 반응할 것이라는 믿음을 의미한다. 이는 건강한 민주 사회의 시민이라면 당연히 가지고 있어야 하는 정치 시스템에 대한 신뢰라고도 할 수 있다. 내적 정치 효능감과 외적 정치 효능감은 사실 가깝게 연결되어 있다.

정치 효능감은 그 자체로도 중요하지만, 시민들의 정치 참여와도 관련이 있다. 정치 참여에는 여러 가지 종류가 있는데, 가장 대표적인 정치 참여는 당연히 투표권을 행사하는 것이다. 정치 참여를 좁게 규정하는 학자들은 투표같이 선거와 관련된 활동만 정치 참여에 포함시킨다. 하지만 시민 단체와 함께 활동하는 경우도 있고, 때로는 혼자 활동할 수도 있다. 최근에는 SNS의 발달로 인해 새로운 정치 활동을 할 수 있는 통로가 생기기도 했다. 자신의 정치 캐릭터를 만들어 온라인 집회에 참여한다든지, 온라인 플랫폼에 자유롭게 칼럼을 작성하고 사람들과 실시간으로 의견을 주고받는 일이 가능해졌다.

혹은 국가 기관에 진정서를 넣거나 청원을 하기도 한다. 국회 의원들이 제대로 활동을 하고 있나 의회를 감시할 수도 있다. 집회 참여, 1인 시위, 정치인이나 공직자와 만나는 것, 청원, 공과금 납부 거부, 심지어 불매 운동도 정치 활동에 들어간다.

일반적으로 정치 효능감이 높을수록 선거나 공적 정치 활동에 참여하려는 의지도 높다. 하지만 정치 효능감이 낮다고 꼭 정치 과정에 참여하지 않는다는 것은 아니다. 시위나 집회는 공적인 정치 과정을 통해 정치인이 반응하지 않는다고 생각이 들 때 취할 수 있는 참여 방식이기도 하기 때문이다. 하지만 정치 효능감이 높은 시민이라면, 자연스레 정치 과정 특히 선거와 같은 공적 정치 과정에

<hr />

* 실정이나 사정을 진술하여 적은 글

참여하게 된다.

민주 시민이 적극적으로 정치에 참여하는 것은 매우 중요하다. 당연한 권리일 뿐 아니라 유권자의 뜻이 제대로 반영되는 사회를 만들기 위해서 민주 시민이 져야 할 책임이기도 하다.

투표율의 정치

그런데 안타깝게도 일반적으로 2차 대전 이후 민주주의 국가들의 투표율은 낮아지고 있다. 민주주의와 선거 지원을 위한 국제기구 International IDEA 에 따르면 전반적으로 투표율이 하락하고 있는데, 특히 유럽과 북미 지역 그리고 오세아니아 지역에서 두드러진다.

투표율을 좌우하는 것은 개인적인 측면과 거시적인 측면으로 나눠 볼 수 있는데, 먼저 교육 수준이 높을수록 그리고 연령대가 높을수록 투표장으로 향할 확률이 올라간다. 우리는 공교육을 받으면서 사회에 대한 책임과 민주 시민으로서의 권리를 자연스럽게 체득하게 된다. 학교에서 배우는 법과 정치가 바로 사회화의 과정이라고 할 수 있다. 그렇게 교육받은 권리와 책임은 나이가 들면서 강화된다. 사회와 함께 살아온 시간이 길어지면서 일종의 애착 관계가 형성된다고나 할까. 소득 수준에 따라 투표율 격차가 벌어지기도 한다. 소득 수준은 교육 수준과 밀접한 연관이 있기 때문에, 교육 수준 또한 투표율에 영향을 준다.

거시적인 이유로는 선거 제도, 선거의 치열함 정도 등이 있다. 많은 학자들은 비례 대표제* 국가들이 다수 대표제** 국가들보다 좀 더 높은 투표율을 보인다고 말한다. 다수 대표제의 경우 사표*** 가 많고 내 한 표가 그대로 의석으로 이어지지 않는 경우 또한 많기 때문이다. 얼마나 경쟁이 치열한가 역시 투표율에 영향을 미치는데, 이미 누가 당선이 될지 뻔해진 상황에서는 사람들의 투표 의지가 식는 것이 전혀 이상하지 않다. 승부를 예측할 수 없을 경우 투표율은 올라간다.

....

* 각 정당의 득표수에 비례하여 의원을 선출하는 선거 제도
** 한 선거구에서 다수 득표자만을 당선자로 삼는 선거 제도
*** 선거 때, 낙선한 후보자에게 던져진 표

선거 때마다 선거관리위원회에서는 우리가 가진 한 표의 중요성을 거듭 강조한다. 선거에 나선 후보들 역시 자신에게 한 표를 던져 달라고 부탁하면서, 여러분의 한 표한 표가 소중하다고 이야기한다. 그런데 정말 그럴까? 우리의 한 표가 진정 빛을 발하는 순간은 그 한 표로 인해 승부가 결정될 때일 것이다. 즉, 나를 제외한 모든 사람들의 표가 각 후보에게 동일하게 나뉘었을 때, 내가 가진 한 표의 선택이 당선을 결정짓기 때문이다. 물론 그런 일은 거의 일어나지 않는다. 그렇다면 우리는 왜 투표를 하는 것일까?

라이커William H. Riker와 오데슉Peter C. Ordeshook은 이를 '투표의 계산 이론'이라고 표현했는데, V = PB + D - C라는 공식을 세웠다. P는 내 한 표가 선거에 결정적인 영향을 미칠 확률, B는 결과로 인해 내가 얻는 이익, C는 투표할 때 드는 시간과 노력의 비용, D는 시민으로서의 책임감 그리고 V는 투표할 확률이다. 실제 P는 0에 가깝기 때문에, V = D - C가 된다. 그렇다면 결국 가장 중요한 것은 바로, 시민으로서의 책임감이다.

투표뿐 아니라 모든 정치 참여는 같은 원리가 작용한

다. 시민으로서의 책임감, 그리고 내 권리를 잃지 않아야 한다는 권리 의식. 이 두 가지가 함께 작용하면서 정치에 참여하는 시민이 많을수록 건강하고 투명한 민주주의 사회를 만들 수 있다.

참정권은 수많은 혁명과 투쟁을 통해 얻은 결과임. / 참정권을 얻기 위한 투쟁으로 차티스트 운동, 미국 독립 혁명, 프랑스 대혁명이 있음. / 여성과 소수자의 참정권은 오랜 시간 배제되었음. / 정치 참여에는 정치 효능감이 중요한 역할을 함. / 민주 시민으로서의 책임감과 권리 의식을 갖고 투표하는 것이 중요함.

카더라 뉴스

ㅋ 카
더
라
뉴
스

가짜 뉴스

어느 나라 정계에서든 '카더라 뉴스'가 떠돈다. 카더라 뉴스란 정확한 증거 없이 떠도는 소문을 말하는데, 이게 악의적으로 발전하면 근거 없는 비방용 뉴스가 된다. 이른바 '가짜 뉴스'이다.

2016년 미국 대통령 선거 당시, 힐러리 클린턴 후보의 선거대책본부장이던 존 포데스타의 이메일이 해킹당했다. 그의 이메일 중에 피자, 파스타, 치즈와 같은 단어들이 등장하는데, 이 조합이 심상치 않다는 음모론이 등장했다. 예를 들어 cheese pizza의 c와 p는 사실 아동 포르노child pornography를 의미한다는 것이었다. 반대 진영의 음모론자들을 중심으로 이 이야기는 퍼져 나갔고, 급기야 아동 성 착취 장소로 워싱턴 D.C.에 있는 한 피자 가게 지하실이 지목되었다. 이 소식을 들은 한 청년이 총을 들고 이곳으로 찾아와 난사했고 이 사건은 대서특필되었다. 아, 물론 이 모든 이야기는 근거 없는 가짜 뉴스였다.

언젠가부터 선거철만 되면 등장하는 단어가 바로 '가짜 뉴스'이다. 2016년 미국 대통령 선거를 기점으로 급부상한 '가짜 뉴스'라는 단어는 상대 진영의 주장을 공격하기 위해 툭하면 내지르는 말이 되었다. 하지만 가짜 뉴스는 매우 오래전부터 있었고, 정파의 이익을 위해 가짜 뉴스를 퍼뜨리는 것이 최근에 들어서야 생긴 일만은 아니다.

탈진실post-truth이라고도 불리는 가짜 뉴스는 매우 오래전부터 있었다. 3,000년 전 이집트의 람세스 2세Ramesses가 히타이트와 벌인 전쟁사를 돌기둥에 기록한 것을 보면, 겨우 패배하지 않은 전쟁을 위대한 승리라고 포장해서 거짓 정보를 퍼뜨렸음을 발견할 수 있다. 그 후로도 정치와 전쟁, 재해가 있을 때 빼놓지 않고 나타나는 것이 가짜 뉴스였다. 특정 단어나 개념이 얼마나 자주 언급되는 지를 보여 주는 구글 엔그램 뷰어Ngram Viewer에 의하면, 2 차 세계 대전 당시 지금보다 훨씬 많은 어마어마한 양의 가짜 뉴스가 판쳤다. 전쟁은 가짜 뉴스가 일종의 '사명감' 까지 가질 수 있는 특수한 환경이다. 전쟁이기 때문에 적 군을 교란시키기 위한 가짜 정보는 당연히 중요한 무기 가 된다. 예를 들어, 영국에서는 나치와 독일 국민을 교란 하기 위해 가짜 뉴스 공장을 만들었다. 진짜 뉴스와 가짜 뉴스를 섞어서 퍼뜨리는 방식을 취했는데, 독일 어린이들 사이에 급성 전염병인 디프테리아가 돈다는 뉴스를 내보 내서 사람들을 불안에 떨게 하기도 했다.

가짜 뉴스는 영어로 'fake news'라고 한다. 물론 모든 거짓 혹은 잘못된 뉴스가 가짜 뉴스는 아니다. 적어도 가 짜 뉴스에는 누군가를 속일 목적으로 왜곡한 것이라는 의 미가 담겨야 한다. 진실은 아니지만 기만적 의도가 없었 다면, 이는 그냥 잘못된 정보misinformation이다. 가짜 뉴스는 기만적 정보disinformation 이상의 악의적 의도가 있어야 한 다. 그리고 그 의도는 대체로 정치적 경쟁 집단의 세력을 와해 혹은 약화시키고, 대중 사이에 혐오와 갈등을 키우려는 것이다. 그 이유는? 당연히 자신의 정치 집단에게 유리하기 때문이다.

가짜 뉴스 확성기

가짜 뉴스가 이토록 화제가 된 데에는 여러 가지 원인이 있지만, 크게 두 가지만 살펴보자. 하나는 양극화이다. 경제학에서는 인간을 합리적인 선택을 하는 존재로 가정하고 이론을 만들기도 하지만, 원래 인간은 비합리적인 행동을 훨씬 많이 한다. 모든 정보를 습득한 후 합리적이고 이성적으로 판단하는 것이 아니라, 본인이 원하는 정보만 '선택적'으로 골라서 자기가 믿는 대로 받아들인다. 원래 가지고 있던 신념과 일치하는 정보는 긍정적으로 받아들이는 반면, 일치하지 않는 정보는 신뢰하지 않고 받아들이지 않는다는 것인데, 정치적으로 사회가 양극화되면 더욱 그런 경향을 보인다. 증거와 합리성을 가지고 뉴스의 진위를 가리는 것이 아니라, 정파성이나 이념을 앞세워서 진위를 덮어 버리기 때문이다. 쉽게 말해 자신의 정치적 신념과 맞지 않는 정보를 부정하고 받아들이지 않는 것인데, 이를 '확증 편향confirmation bias'이라고 한다. 그리고 이런 확증 편향은 균형을 맞춰 줄 수 있는 중도층이 부족하고 양극단의 정치가 이루어질 때 더 심각하게 일어난다.

다른 하나로는 미디어 환경을 들 수 있다. 고대 로마시대부터 있었던 가짜 뉴스는 현대에 와서 더 무서운 힘을 가지게 되었는데, 그 중심에는 발달한 통신과 미디어가 있다. 새로운 미디어 기술이 등장할 때마다 가짜 뉴스가 기승을 부린다는 연구도 많다.

구텐베르크Gutenberg Johannes가 1440년경 인쇄기를 발명한 후 라틴어로만 쓰였던 성경이 각국의 언어로 번역되어 출판되었는데, 그 과정에서 가짜와 진짜 논쟁이 일어났다. 영화 〈맹크〉에 나오는 언론 재벌 윌리엄 랜돌프 허스트는 쿠바에서 온 특파원의 전문을 왜곡해서 곧 전쟁이 날 것처럼 보도했고, 미국과 스페인의 전쟁이 터지는 데 일조했다는 비판을 받기도 했다. 라디오가 대중적으로 보급되었던 1938년 10월의 어느 날 저녁, 오슨 웰스의 라디오 드라마 프로그램 〈우주 전쟁〉에서 '외계인이 쳐들어왔다. 침략자들에 맞서 싸워야 한다'는 내용의 뉴스를 내보냈다. 그랬더니 이걸 진짜 뉴스인 줄 알고 패닉에 빠진 사람들이 무더기로 거리로 쏟아져 나와 사고가 일어나기도 했다. 그런 시각으로 본다면 인터넷과 소셜 미디어의 등장과 발전이 지금의 가짜 뉴스를 더 많이 만들고 더 빠르게 퍼트렸다고 볼 수 있다.

소셜 미디어

소셜 미디어처럼 상호 소통이 가능한 플랫폼은 다양한 시각과 생생한 뉴스를 전달할 수 있다는 장점이 있다. 하지만 소셜 미디어는 기성 언론이 가지는 중요한 기능을 빠트렸다. 바로 정보의 진위를 가리고 중요한 정보를 걸러서 내보내는 게이트 키퍼gate keeper의 역할이 그것이다. 많은 가짜 뉴스가 배출되는 소셜 미디어 환경은 팩트 체크나 교차 검증의 단계를 거치지 않는다. 그러다 보니 잘못 해석된 콘텐츠가 거리낌 없이 전달되는 것이다.

또한 기술의 변화는 실제 뉴스와 가짜 뉴스를 전파하는 매체를 구분하기 어렵게 했다. 누구나 신뢰하는 언론 매체처럼 그럴듯한 배경으로 뉴스를 생산해 낼 수 있게 된 것이다. 최근 들어서는 얼굴 인식 기술이 발달하면서

인공 지능을 이용해서 가짜 뉴스를 만들어 내는 것도 가능해졌다. 2018년 미국의 워싱턴대학교에서는 오바마 대통령이 트럼프 대통령을 욕하는 장면을 합성해서 만들어 냈는데, 이를 '딥페이크deepfake' 기술이라고 한다. 그야말로 목소리와 모습까지 변조가 가능해진 것이다.

특히 소셜 미디어의 알고리즘은 확증 편향을 더 강화하는 역할을 했다. 개인의 취향에 대한 빅 데이터를 가지고 있는 소셜 미디어 플랫폼은 사용자가 좋아하는 취향의 정보를 계속 제공하는 알고리즘으로 움직인다. 그러다 보니, 한쪽의 정치 성향을 가진 사람은 그와 비슷한 부류의 정보를 집중적으로 접하게 되고, 의도치 않게 편향적인 게이트 키핑을 하게 되었다.

또 하나의 변화한 미디어 환경은 '돈'이다. 종이 신문이나 잡지 같은 인쇄물을 통한 수익은 급속도로 줄어들면서 이 빈자리를 디지털 미디어가 차지했다. 클릭 수를 유도하고 조회 수를 올리는 것이 돈을 벌어들일 수 있는 통로가 되면서 자극적인 가짜 뉴스가 무분별하게 남발된 것이다.

가짜 뉴스로 인한 피해가 커지면서 이를 규제해야 한다는 목소리도 높아지고 있다. 하지만 쉽게 규제를 내릴 수 없는 이유는 표현의 자유와 언론의 자유 때문이다. 가짜 뉴스로 인해 개인의 명예와 이익이 침해되는 경우라면 제법 쉽게 이를 제재할 수 있지만, 사회 국가적 이익이 침해되는 경우에 대해서는 제재 가능의 범위가 모호하다. 이것이 진짜 사회 국가적 이익을 침해하는 것인지, 아니면 정부 권력층의 이익을 침해하는 것인지는 법 집행을 하는 사람들이 정하기 나름이기 때문이다. 그래서 가짜 뉴스를 처벌하겠다는 정부의 의도는 언론을 장악하려는 의도로 읽히기도 한다. 각 국가에서는 가짜 뉴스의 심각성을 인지하고 규제를 하려는 노력들이 있었으나, 법적으로 완성된 경우는 별로 없다. 표현과 언론의 자유를 침해한다는 주장에 가로막히기 때문이다.

그렇다면 가짜 뉴스를 퇴치할 수 있는 방법은 없는 것일까. 가짜 뉴스에 몸살을 앓고 있는 많은 국가들은 국제 팩트 체킹 네트워크International Fact-Checking Network를 통해 수상한 뉴스를 서로 확인하고 가짜 뉴스가 전파되는 것을 막기 위해 노력하고 있다. 하지만 팩트 체크 시스템이 아무리 발달해도 이미 퍼져 나간 충격적인 가짜 뉴스를 되돌리는 것은 쉬운 일이 아니다. 그렇다면 어떻게 해야 하는 걸까.

우리는 역사를 통해 가짜 뉴스를 완전히 뿌리 뽑을 수는 없다는 것을 보아 왔다. 그리고 갈등과 공포, 불안이 가득한 사회에서 가짜 뉴스는 더욱 힘을 얻는다는 사실 또한 알고 있다. 결국 해법은 가짜 뉴스가 자라나기 어려운 환경을 만드는 것이다. 정치적 갈등이 적은 사회, 운영이 투명한 사회, 사람과 사람 간의 신뢰가 높은 사회를 만들 때 가짜 뉴스는 자라나기 어렵다. 그리고 이런 사회를 만드는 것은 정치인, 언론뿐 아니라 시민의 몫이기도 하다.

정치적 양극화가 심할수록 카더라 통신이 부상함. / 자신의 신념과 일치하는 정보만 가려서 선택하는 인간의 '확증 편향'은 소셜 미디어가 발전하면서 더 강력해짐. / 통신 기술이 발달하면서 카더라 통신이 더 빨리 퍼지게 됨. / 가짜 뉴스 처벌은 언론과 표현의 자유를 침해할 수도 있음. / 현명한 소셜 미디어 사용자가 되는 것이 중요함.

투표

E 투표

선거의 4대 원칙

선거에는 4대 원칙이 있다. 보통 선거, 평등 선거, 직접 선거, 비밀 선거가 그 네 가지이다. 이 중 보통 선거는 재산이나 성별, 인종과 상관없이 일정한 나이에 도달한 모든 국민은 선거권을 가진다는 것을 말한다. 사실 보통 선거의 원칙을 이루어 내기 위해 수많은 참정권 요구 운동이 있었던 것이나 다름없다.

평등 선거는 누구나 똑같은 표의 가치를 누리게 하는 것이다. 어떤 사람은 한 표를, 또 다른 사람은 두 표의 권리를 행사한다면 불공평한 일이기 때문이다. 그런데 약 30년 전 특정 집단에게 한 표를 더 주어야 한다고 주장한 인물이 있다. 지금은 세상을 뜬 싱가포르의 리콴유(李光耀) 총리가 바로 그 인물이다. 31년 장기 집권 후 정계에서 은퇴한 지 3년이 되었던 1994년, 리콴유 총리는 40세 이상의 가정이 있는 남성에게는 추가로 한 표를 더 주어야 한다고 발언한 바 있다. 이유는 이들이 사회에 이바지하는 기여나 책임이 다른 집단보다 훨씬 크다는 것이었다. 이 제안은 받아들여지지 않았다.

직접 선거는 대리인을 거치지 않고 유권자가 직접 원하는 후보나 정당에 투표하는 것이다. 매우 당연하게 들리는 이 직접 선거가 이루어지지 않는 국가가 이 세상에는 생각보다 많다. 독재 정권이 집권하고 있는 경우, 독재자는 자신이 믿을 수 있는 사람들만 선거에 참여할 수 있도록 하는 간접 선거를 선호한다. 우리나라도 한때 '체육관 선거'라는 간접 선거를 치르기도 했다. 1972년 박정희 정권은 '통일주체국민회의'라는 이름의 헌법 기관을를 설치하고, 장충 체육관에서 대통령 선거를 진행했다. 2,359명의 대의원들이 모여 투표하는 간접 선거였다. 이를 통해 박정희 전 대통령은 제8 대 대통령으로 당선되었다. 제 5 공화국까지 이어졌던 간접 선거를 직접 선거 방식으로 바꾸기 위해 1987년, 우리 국민들은 민주화 투쟁을 했다.

흥미로운 것은 근대 민주주의의 시작이라 불리는 미국의 대통령 선거가 사실은 간접 선거라는 점이다. 당시 대중의 지적 수준과 합리성을 믿지 못했던 미국 건국의 아버지들은 대중이 직접 투표해서 대통령을 선출하는 것보다 선거인단에게 투표해서 이 선거인단이 대통령 후보에게 투표하게 하는 간접 선거 방식을 선호했다. 웬만하면 전통을 거스르지 않는 미국은 아직도 선거인단에 의한 간접 선거 방식을 유지하고 있다.

마지막으로 비밀 선거는 내가 누구를 찍는지가 다른 사람에게 알려지지 않게 하는 것이다. 마찬가지로 너무나 당연하게 들리는 말이지만, 이전에는 특정 정당이나 후보 진영에서 유권자가 누구에게 투표하는지를 관리하는 경우가 종종 있었다. 지금은 오히려 내가 누구에게 투표했는지를 투표 당일에 공적인 공간에서 밝히게 되면 선거법 위반이 되기도 한다. 개인의 한 표는 온전히 개인의 것이기에 이를 보장하고, 또 선거의 공정성을 지키기 위해 세운 원칙들이다.

불가능성 정리

1951년, 30세의 경제학자 케네스 애로Kenneth Joseph Arrow
는 박사 과정을 마치면서 논문을 준비한다. '사회적 선택
과 개인의 가치Social Choice and Individual Values'란 제목의 이
논문에는 이후 몇십 년 동안 천재적인 경제학자들이 반증
하기 위해 도전했지만 실패했던 '불가능성 정리Impossibility
theorem'가 설명되어 있었다. 이 빈틈없는 '정리'는 천재 경
제학자 애로에게 1972년 노벨 경제학상을 안겨 준다. 그
리고 애로는 2019년 에스테르 뒤플로Esther Duflo 교수가 등
장하기 전까지 최연소 노벨 경제학상 수상자라는 타이틀
을 지켰다.

'불가능성 정리'를 간단하게 정리하자면 합리적인 의사
결정을 위한 원칙들을 모두 지키면서 동시에 구성원 모두
의 의사가 반영되는 민주적인 의사 결정 시스템을 구현하
는 것은 불가능하다는 것이다. 이 이론에 따라 많은 경제
학자 그리고 정치학자들은 완벽하게 민주적인 선거 제도

는 존재할 수 없다고 결론을 내렸다. 어떤 선거 제도를 택하더라도, 그리고 그 제도를 통해 정부를 구성하더라도, 모든 구성원들을 만족시키고 이들의 의견을 반영할 수는 없다는 것이다.

다양한 선거 제도

2020년 대한민국 제21 대 국회 의원 선거를 치르기 전, 정치권은 선거 제도를 두고 옥신각신했다. 그리고 유권자들이 새로이 받아들여야 했던 제도는 이름만 들어도 머리 아파지는 준연동형 비례 대표제였다.

선거가 있는 자유 민주주의 국가들은 나름의 방식으로 선거를 치른다. 가장 대표적인 방법으로는 다수 대표제와 비례 대표제가 있다. 그리고 거기서 파생된 과반 투표제, 결선 투표제, 연동형 비례 대표제 등 다양한 제도들이 있다. 여기서 잠깐 질문 하나 해 보자. 전 세계 국가들이 가장 많이 채택한 선거 제도는 어떤 제도일까?

전 세계 선거 제도를 연구하는 국제기구의 통계에 따르면 2022년 기준 선거를 치르는 총 218개 국가 중 87개의 국가가 다수 대표제를 취하고 있다. 두 번째로 많이 택하는 제도가 비례 대표제로, 83개의 국가가 채택하고 있다. 비례 대표제와 단순 다수 대표제를 섞어서 쓰는 국가도 많은데, 비연동형 비례 대표제가 22개국, 연동형 비례 대표제가 10개국 정도 된다.

비례 대표제

어떤 선거 제도가 가장 뛰어난 제도인가에 대한 논쟁은 계속될 수밖에 없다. 애로가 말한 대로 모든 구성원을 만족시키고 그들의 뜻을 반영할 수 있는 완벽한 제도는 없기 때문이다. 그렇다면 각 선거 제도의 장단점은 무엇일까?

먼저 비례 대표제는 정당이 얻은 표의 숫자만큼 비율로 계산해서 의석을 분배하는 제도이다. 예를 들어 의회에 모두 100석이 있고 정당 A가 전국에서 40%의 득표를 했다면 100석의 40%인 40석을 가져가게 되는 방식이다. 물론 전국 단위로 표 계산을 하지 않고 큰 지역 단위로 표 계산을 하기도 한다. 또 표를 얻었다고 해서 모든 정당에 의석을 주는 것은 아니다. 일정 수준, 예를 들어 의석을 하나라도 배분받기 위해서는 전체 유권자로부터 3%나 5% 이상의 표를 받아야 하는 기준을 채택하고 있다.

비례 대표 제도의 가장 큰 장점은 먼저 나의 한 표가 온전히 반영될 확률이 높다는 점이다. 3%나 5%처럼 의석을 획득할 수 있는 최소한의 득표 기준이 있지만, 이는 또 반대로 말하면 전국에서 3%나 5%만 얻으면 어떤 정당이든 의석을 가질 수 있다는 뜻이기도 하다. 그러다 보니 다양한 의견을 대변하는 정당들이 등장할 수 있다. 하나의 이슈만 파고들어도 충분히 의회에서 의석을 가질 수 있기 때문이다. 예를 들어, 환경 보호를 주장하는 녹색당의 경우, 녹색당을 지지하는 사람들이 전국에 5%가 있다면 그 표를 모으고 모아 의석 하나를 확보할 수 있다. 그래서 비례 대표제를 채택한 국가에는 의회에 진출해 있는 정당 숫자가 많다. 일례로 네덜란드 같은 경우는 2021년 총선 기준, 원내에서 의석을 가진 정당이 무려 17개이다.

바로 이 점 때문에 비례 대표 제도는 비판을 받는다. 내 한 표가 거의 온전히 결과에 반영된다고 생각하니까 유권자는 솔직하게 자신이 원하는 대로 소신 투표를 한다. 그러다 보니 표가 거대 정당에 쏠리는 현상이 사라지고, 소수 정당들도 쉽게 원내에 진출할 수가 있다. 원내에 많은 정당이 들어오게 되면 절반 이상의 의석을 차지하는 정당이 탄생하기 어려워진다. 결국 정당들은 의석수 절반을 넘기기 위한 연합을 만들기 일쑤이고, 장관 자리도 적당하게 연합에 속한 정당들에게 나눠 주면서 내각을 구성한다. 이렇게 되면 정책적 잘못이 있을 때 책임을 어느 한 정당에 묻기 어렵다. 서로 다른 정당 탓을 할 테니 말이다. 유권자들도 허탈함을 느낄 수 있다. 분명 소신 있게 투표를 했건만, 최종 결과를 보니 내가 원했던 정당이 다른 정당과 연합을 하고 마니, 이게 과연 제대로 내 뜻이 반영된 것인지 의심스러워진다.

비례 대표제는 우리 지역의 중요한 문제를 의회에 나가서 대변해 줄 사람을 뽑는다기보다 정당 리스트에 있는 사람들을 의석에 앉히는 것이다. 정당의 이념과 정책에 충실한 사람이 리스트에 이름을 올릴 수밖에 없다. 정당에 충성하는 사람과 내가 살고 있는 지역의 문제를 잘 해결해 줄 수 있는 사람은 분명히 다르고, 모든 유권자가 이렇게 이념적으로 사고하고 행동하는 것은 아니기 때문에,

어쩌면 국민의 뜻을 정확하게 반영하지 못한다고 볼 수도 있다.

비례 대표제와 비교가 되는 것이 다수 대표제이다. 선거구 혹은 지역구를 의원 숫자만큼 획정하고 그 선거구 내에서 가장 많은 표를 얻은 사람을 대표자로 선출하는 제도이다. 선거구에서 가장 많은 표를 얻은 한 명만 뽑는 경우는 단순 다수 대표제라고 하는데, 영국, 미국, 캐나다 그리고 우리나라도 지역구에서 대표를 뽑을 때 단순 다수 대표제를 택하고 있다.

　1위만 하는 것이 아니라 절반 이상의 표를 얻어야 당선증을 받는 경우도 있다. 이러한 제도는 절대다수 대표제라고 부른다. 만약 여러 명의 후보가 나와서 그 누구도 과반의 득표를 하지 못할 경우에는 1·2위를 차지한 후보들을 데리고 결선 투표를 한 번 더 치르기도 한다. 선거구를 좀 크게 획정하는 중·대선거구제의 경우에는 1·2위 후보자 두 명을 모두 당선시키기도 한다.

다수 대표제의 장점으로는 일단 결과가 깔끔하다는 점이다. 지역의 이익을 확실하게 대표할 수 있는 인물을 선출한다. 그리고 유권자들이 자신의 표를 사표로 만들지 않기 위해, 소수 정당보다는 거대 정당에 표를 주는 성향을 뚜렷하게 보인다. 그러다 보니 제1당이 원내에서 과반의 의석을 차지할 가능성이 커지고, 정책의 책임 소재가 명확하다는 장점이 있다. 누가 승자이고 누가 패자인지 한눈에 가릴 수 있고, 비례 대표제처럼 정당끼리 연합하는 일도 흔하지 않기 때문에 머리 아프게 계산할 필요도 없다.

지역의 이익과 대표성 또한 다수 대표제는 잘 대변한다. 후보는 선거에서 이기기 위해 의회에 들어가게 되면 지역의 이익을 최대한 추구하겠다고 맹세한다. 물론 그 부작용으로 지역 이기주의라든지 보여 주기식으로 베푸는 선심성 사업을 위해 예산을 남용하는 경우들이 종종 발생하기도 한다.

그러나 다수 대표제는 치명적인 약점이 있다. 소신 투표를 가로막기 때문이다. 특히 단순 다수 대표제는 선거구에서 한 표라도 더 얻은 사람이 당선되기 때문에, 사표

즉 버려지는 표가 많다. 예를 들어, 100명의 유권자가 있는 선거구에 세 명의 후보가 출마했다고 하자. A 후보가 33표, B 후보가 33표, C 후보가 34표를 차지하게 되면, C 후보가 당선되어 지역민들을 대표하게 된다. '가장 많은 표를 차지했으니까 할 수 없지'라고 하기엔 찝찝하다. C 후보를 원하지 않는 유권자의 수는 66명으로 C 후보를 지지한 유권자 수의 거의 두 배 가까이 되기 때문이다.

이러한 표의 곡해는 의회로까지 이어진다. 단순 다수 대표제를 채택한 국가의 의회는 정당의 총 득표율과 원내 의석의 점유율이 큰 괴리를 보인다.

단순 다수 대표제를 택하고 있는 영국의 경우를 예로 들어 보자. 2019년 있었던 총선에서 보리스 존슨 총리가 이끌던 보수당은 크게 승리했고, 전체 650석 중 365석이라는 56%에 달하는 의석을 차지했다. 이로써 존슨 총리는 당분간 불신임 걱정 없이 의회 내 보수당의 지지를 업고 국정을 추진할 수 있게 되었다. 제1 야당인 노동당은 203석을 차지해서 의회 내 31% 정도의 의석을 차지하는 것에 그쳤다. 그런데, 실제 보수당이 득표한 표는 전체의 43.6%이었다. 전국적으로야 43.6%를 얻은 것에 그쳤지만, 지역구에서 한 표만 더 얻어도 승리하는 선거 제도 덕분에 얻은 승리이다. 예를 들어 보수당이 얻었던 14석은 지역구에서 2위와의 득표율 차이가 2%도 채 되지 않았다. 한 표 차이든 천 표 차이든, 1등만 하면 되기 때문에 가능한 일이다. 43.6%의 표를 받고 56%의 의석을 받았으니 남는 장사인 셈이다. 반면 또 다른 야당인 자유민주당은 전국적으로 11.6%의 득표를 했지만 11석만 건졌으니, 의석 점유율은 1.7%밖에 안 된다.

반면 비례 대표제를 채택하고 있는 네덜란드의 경우, 2021년 선거에서 가장 많은 득표를 한 자유민주국민당은 전국에서 21.8%의 득표를 했고 실제로 원내에서도 전체 150석 중 34석을 얻어서 22.7%의 의석 점유율을 보였다. 제2 정당인 66년민주정당도 전국적으로 15%의 득표를 했고 24석을 할당받아 16%의 의석 점유율을 보였다. 득표율과 의석 점유율이 거의 같다. 그렇기 때문에 진정한 국민의 의견이 더 잘 반영된다고 볼 수 있다. 그렇다면 왜 이런 차이가 생기는 것일까?

프랑스의 정치학자인 모리스 뒤베르제Maurice Duverger는 1951년 자신의 저서인 《정당론Les Partis Politiques》에서 다음과 같은 가설을 내놓았다. "단순 다수 대표제는 양당제를, 비례 대표제는 다당제를 낳는 경향이 있다."

뒤베르제의 법칙은 두 가지 효과를 통해 작동하는데, 하나는 기계적 효과mechanical effect이고 다른 하나는 심리적 효과psychological effect이다. 기계적 효과는 위에서 설명한 득표수와 의석수의 구조적인 차이를 말한다. 심리적 효과는 유권자가 실제로 투표를 할 경우 발생하는 현상이다. 예를 들어, 내가 가장 선호하는 정당은 A라고 하자. A는 우파 정당이고, 일직선상 정당의 이념 위치를 표시했을 때 가장 오른쪽에 A가 위치한다고 가정하자. 그리고 중간에서 약간 오른쪽에 B, 중간에서 왼쪽에 C가 위치한다. 즉, A가 우파 정당, B는 중도 우파 정당, C는 중도 좌파 정당이라고 할 수 있다.

나의 지역구에서 가장 많은 표를 받은 단 한 명이 승자가 되어 국회 의원이 된다. 그런데 안타깝게도 내가 지지하는 A 후보는 당선될 가능성이 희박하다. B 후보와 C 후보는 거대 정당의 후보들이고 A 후보는 그렇지 않기 때문이다. 또한, 정책도 너무 보수 성향이 강해서 많은 대중에게 호응을 얻어 내지 못하고 있다. 자, 투표해야 하는 순간, 나는 어떤 선택을 할까?

가슴으로라면 당연히 지지하는 A 후보를 찍겠지만, 어차피 나의 후보는 당선 가능성이 별로 없다. 그렇다고 내 한 표를 버리기도 싫다. 결국 B와 C 중 그래도 나와 의견이 조금이라도 가까운 B 후보를 찍을 가능성이 커진다. B 후보와 C 후보의 경쟁이 치열할수록 더 그러하다. '그래도 C보다는 B가 되는 것이 낫지. 이렇게 한 표라도 아쉬운 박빙의 상황에서 괜히 (A한테) 버리지 말고 그냥 B 찍어 주자.'

이런 생각이 심리적 효과이다. 일단 유권자는 자신의 표가 사표가 되는 것을 꺼리는 마음이 있고, 선거가 치열해지면 차선 또는 차악을 선택한다는 것이다. 물론 워낙에 한쪽이 압승일 것으로 예상되는 때에는, 그냥 맘 놓고 내가 가장 선호하는 후보를 선택할 가능성이 커진다. 어차피 결과는 뻔한 거, 그냥 내 소신 밝히고 내 후보에게 조금이라도 힘을 실어 주자는 생각을 한다.

이런 기계적·심리적 효과가 복합적으로 나타나서, 단순 다수 대표제에서는 거대 주요 정당 둘이 경합하게 되는 양당제가 나타나기 쉽다는 것이 뒤베르제의 가설이다. 그렇다면, 정말로 그러할까? 사실 뒤베르제의 법칙이 작용하는 국가는 미국 말곤 찾아보기 어렵다. 단순 다수 대표제를 채택하고 있는 영국, 캐나다에는 엄연히 제3 당이 원내에 있다. 하지만 미국에서는 오랜 시간 민주당과 공화당이라는 양당이 유지되고 있는데, 이에 라이커를 비롯한 정치학자들은 전국적으로는 제3 당이 등장할 수 있지만 선거구 수준에서는 거대 정당 둘의 경쟁으로 좁혀진다는, 약간 수정된 의견을 내놓았다.

연동형 비례 대표제

비례 대표제, 다수 대표제 모두 완벽함과 거리가 먼 제도이기 때문에 사람들은 또 다른 안을 내놓았다. 바로 혼합

형 선거 제도이다. 쉽게 말하자면 비례 대표제와 다수 대
표제를 혼합해 놓은 제도이다. 비례 대표제를 이용해서
뽑는 의원들과 다수 대표제를 이용해서 뽑는 의원들을 모
두 두는 것이다.

어떤 방식으로 혼합하는가가 관건인데, 둘을 완전히
독립적으로 선출하는 경우는 비연동형 비례 대표제라고
한다. 반면, 독일이나 뉴질랜드처럼 정당의 총의석수를
비례 대표제를 통해 얻은 득표율 기준에 맞추는 경우도
있다. 이를 연동형 비례 대표제라고 한다.

독일이 채택하고 있는 연동형 비례 대표제를 설명하
려면 예시가 필요하다. 비례 대표제로 100명의 의원을 선
출하고 다수 대표제로 100명을 선출한다고 가정하자. 정
당 A가 비례 대표 투표에서 40%를 얻었다고 한다면 A 정
당은 총 200명의 의석 중 40%인 80석을 차지해야 한다.
이 80석은 무조건 가져가는 의석이다. 일단 비례 100명의
40%인 40명의 의석을 확보한 뒤, 지역구 의석수를 봐야
한다. 만일 지역구에서 40석의 의석을 확보하지 못해 총
80석 의석을 차지하지 못하면, 비례 대표 리스트에서 부
족한 의석을 채울 수 있다. 다시 말해, 지역구에서 30석밖

에 획득하지 못했다면 총 70석이 되고, 나머지 10석은 비례 대표 리스트에 적혀 있는 다음 순번의 후보 10명에게 의석을 나누어 주는 것이다. 결과적으로 정당 A는 비례에서 50석 그리고 지역구에서 30석을 채워서 총 80석을 가져가게 된다.

만약에 지역구에서 50석을 거머쥐게 된다면? 그럼 비례에서 40석, 지역구에서 50석 다 합하면 총 90석의 의석을 확보하게 된 것인데, 애초의 80석을 넘었으니 10석을 빼앗아서 80석으로 맞출 것인가? 그렇지 않다. 한번 가져간 것을 빼앗지는 않는다. 따라서 A 정당은 총 90석을 차지하게 된다. 그래서 독일 의회의 전체 의석수는 선거 때마다 조금씩 달라진다.

우리나라도 연동형 비례 대표제를 택하고 있는데, 완전한 1대1 비율 연동이 아니라 50%만 연동이 되기 때문에 준연동형 비례 대표제라고 한다. 연동된 비례 대표 의석이 30석으로 한정되어 있는 데다가, 비연동된 비례 대표 의석으로 17석을 따로 두었기 때문에 사실상 국민들이 어떤 방식으로 비례 대표가 결정되는지 도통 알기 어려운 제도이다. 지난 2020년 총선에 이 제도를 이용해 선거를 치렀다.

연동형 비례 대표제를 지지하는 학자나 정치인들은 비례 대표제와 다수 대표제의 장단점을 합쳐서 가장 현명한 제도로 만들어 냈다고 주장한다. 문제는, 이 과정이 너무 어렵고 복잡해서 실제 내가 던진 표가 제대로 반영이 되는 것인지 유권자들이 헷갈려 한다는 것이다.

선거 제도의 영향

선거 제도를 어떤 것으로 채택하느냐에 따라 의회에 진입하는 정당들의 숫자가 달라지고, 그렇다면 정책도 달라질 수 있다. 비례 대표제는 다양하고 많은 수의 정당을 낳고, 뚜렷한 과반 정당이 부재하면서 연합 정부의 형태로 존재하기 쉽다. 그러다 보니 이 연합체를 유지하기 위해 다양한 요구 사항을 들어줘야 한다. 이 과정에서 재정이 남용될 우려가 있다. 물론 많은 정당이 연합하면 서로 견제하기 때문에 서로 반대만 하다 의사 결정을 하지 못해 재정을 남기게 된다는 반대 의견도 있다. 이에 반해 단순 다수 대표제는 하나의 정당으로 구성된 내각을 낳기 쉽고, 책임 소재가 분명하기 때문에 정부가 좀 더 기민하게 대응할 수 있다.

선거 제도는 단순히 어떤 방식으로 유권자를 대표하는 이들을 뽑는가의 문제가 아니다. 어떤 선거 제도를 선택하느냐에 따라 의회에 들어가는 의원들, 의회를 구성하는 정당 숫자가 결정되고, 이는 정책에도 영향을 준다. 선거 제도를 바꾸자는 의견들이 정치인들에게서 나올 때, 과연 이것이 국민을 더 잘 대표하기 위해서인지 아니면 자신들의 정당이 더 많은 의석을 차지하기 위해서인지 잘 구분해야 한다. 물론 모두 국민을 더 잘 대표하기 위해서라고 이야기하겠지만, 진실은 유권자들이 판단할 일이다.

선거의 4대 원칙으로 보통 선거, 평등 선거, 직접 선거, 비밀 선거가 있음. / 비례 대표제는 사표가 적고 소수의 의견에도 귀를 기울일 수 있음. / 하지만 많은 소수 정당이 등장하기 때문에 안정된 정국을 기대하기 어려움. / 다수 대표제는 과반을 차지하는 제1 정당을 창출하기 쉽기 때문에, 정국이 비교적 안정적임. / 하지만 사표가 많이 발생하고, 거대 정당들만이 살아남을 수 있는 구조가 됨. / 혼합 제도는 비례 대표제와 다수 대표제의 장점을 가지고 있지만, 복잡한 표계산으로 유권자에게 혼란을 줌.

평화와 안보

ㅍ
평화와 안보

평화

로마의 전성기를 일컬을 때 팍스 로마나 Pax Romana라는 말
을 쓰곤 하는데, 그대로 번역하자면 '로마의 평화'를 뜻한
다. 막강한 로마의 군사력을 바탕으로 로마식 정치, 제도,
통치 방식 등 압도적인 로마의 리더십하에 지중해의 많은
국가가 전쟁 없이 평화로운 상태를 유지했던 것을 의미한
다. 현대에 들어와서는 팍스 아메리카나 Pax Americana라는
말을 쓰기도 하는데, 마찬가지로 최고 강대국인 미국의
리더십과 힘으로 평화가 유지되는 체제를 가리키는 말이

다.

좀 더 학술적으로 이야기하자면 평화는 폭력이 없는
상태이다. 노르웨이의 평화학자 갈퉁Johan Galtung에 의하
면 평화는 '갈등을 비폭력적인 형태로 변화시키는 것'이라
고 한다. 하지만 국제 정치를 현실주의 시각에서 바라보
는 학자들은 평화의 전제는 결국 힘이라고 주장한다. 국
가의 군사력이 받쳐 주지 않는 상태에서 평화를 논하기는
어렵다는 것이다. 평화와 무력의 밀접한 관계를 쉽게 부
정할 순 없지만, 다음 세대를 위해 평화에 대한 교육과 문
화 형성은 계속되어야 한다.

전통 안보와 비전통 안보

안보는 '안전 보장'의 줄임말로써, 전통적인 안보라면 전
쟁, 세력 균형, 군사력 등의 영역에서 국가의 안위를 지켜
내는 것을 의미한다. 안보가 외부 세력과의 갈등에 대처
하기 위한 것임을 고려한다면, 안보는 태생적으로 현실주
의 국제 정치 시각을 받아들일 수밖에 없다. 물론 전통 안
보는 여전히 매우 중요하고 국가 생명에 기반이 되는 영

역이다.

그런데 최근 들어서 그동안 가볍게 여겨졌던 분야가 주목을 받고 있다. 바로 비전통 안보이다. 새롭게 떠오른 비전통 안보의 영역들은 군사적 문제만큼 일반 국민의 생활에 큰 영향을 미치기 때문에 국가들의 적극적인 대응이 필요하다. 대표적인 예로 기후, 자원, 보건, 경제, 식량 등을 들 수 있다.

비전통 안보에 대한 관심은 1980년대부터 시작되었다고 볼 수 있다. 냉전이 종식되고 미국과 소련의 군사적 충돌 위험이 줄어들면서 무기 경쟁도 잦아들었으나 새로운 이슈들이 등장했다. 국가가 중심이었던 국제 사회에 기업, 시민 단체 등이 중요한 플레이어로 등장하게 되었고, 전쟁이 아닌 이들의 활동으로 인한 위험이 생기기 시작했다.

비전통 안보는 특히나 세계화와 관련이 깊다. 발전한 교통 통신 기술이 가져온 세계화를 통해 국가 영토를 초월하는 일들이 생겨나고 있다. 시간적·공간적 거리가 줄어들고, 국가를 넘나드는 기업들이 생겨나면서 우리는 초국가적인 현상들에 익숙해지고 있다. 얽히고설킨 세계 속에서 한 국가에 일어난 위기 상황은 멀리 있는 다른 국가에도 종종 영향을 미친다. 비전통 안보 위협 이슈가 터졌을 때 초국가적인 협력이 필요한 이유이다.

멀리 갈 것 없이, 코로나 19가 대표적인 사례다. 중국에서 발생했던 코로나바이러스가 전 세계로 퍼지는 데에는 그리 오랜 시간이 필요하지 않았다. 마치 성게처럼 생긴 이 바이러스로 인해 세계 경제가 멈추고, 공급망에 차질이 생겼으며, 이로 인한 막대한 손실은 국방력에도 영향을 끼쳤다. 기후 변화로 인한 재앙은 기후 난민을 낳기도 하고, 살 곳을 찾아 국경을 넘으려 하는 난민들은 또 다른 국경과 관련한 안보 문제를 불러일으키기도 한다.

경제 안보

경제 안보는 말 그대로 경제와 관련이 있는 안보를 말한다. 먼저 자원과 관련된 자원 안보가 있는데, 원유, 철광석, 석탄, 천연가스 등 원자재와 연계된 안보를 의미한다. 세계에는 원자재를 생산하는 국가가 있는가 하면 그 원자재를 이용해서 상품을 만드는 국가가 있다. 그리고 원자재를 수송하는 운송 회사도 있다. 만일 이 순환 관계 고리 중 하나라도 끊기거나 봉쇄된다면, 그로 인한 경제적 손실은 어마어마할 것이다.

2021년 수에즈 운하에 에버그린호가 대각선 모양으로 길목을 막으면서 막심한 물류 손해를 빚었던 일이 있었다. 특히 원유 같은 에너지 자원은 산업뿐 아니라 안보와도 직접적인 관련이 있기 때문에 매우 중요하다. 원활한 수송을 보장하지 못하면 큰 낭패를 볼 수도 있다.

페르시아만 지역 국가들로부터 많은 원유를 수입하고 있는 우리에게 특히 중요한 지역이 있다. 바로 믈라카 해협과 남중국해이다. 페르시아만을 출발해 인도양을 거쳐 우리나라에 오는 대부분의 원유는 이 좁디좁은 믈라카 해협을 거친다. 만일 이 지역이 어떤 이유에서건 봉쇄가 된다면? 다른 해로로 우회해서 갈 수 있겠지만, 돌아가는 시간과 늘어난 수송 거리로 인해 엄청난 손실이 발생하고, 그 원유를 이용해 제품을 생산하는 업체들 역시 연쇄적으로 손실을 보게 될 것이다. 그리고 결국 상품 가격이 올라가면서 소비자의 부담이 커지게 될 것이다. 쉽게 말해 경제에 나쁜 영향을 줄 것이다.

세계 경제의 큰 흐름을 뜻하는 거시 경제 역시 중요한 비전통 안보이다. 이제는 스마트폰으로 미국이나 유럽 주식 시장에서 주식 거래를 하는 시대이다. 그만큼 각 국가 간의 경제가 거미줄처럼 엮여 있다. 2008년 미국의 금융 위기가 전 세계를 침체의 늪으로 빠뜨렸던 것이나, 중국 경제가 기침을 하면 한국 경제는 폐렴에 걸린다는 우스갯 소리가 나오는 것은 그만큼 세계 경제 블록이 촘촘히 얽혀 있다는 것을 의미한다. 물론 선진국 경제와 저개발국 경제는 여전히 분절되어 있다는 주장도 있지만, 이제는 대부분의 국가가 경제 주체인 동시에 객체인 시대가 다가 왔다. 그만큼 넓은 국제 시장에서 기회를 잡을 수도 있고, 또 많은 위험에 노출되어 있다는 이야기이기도 하다.

지난 몇 년 동안, 우리는 보건 안보의 중요성을 생생하게 경험했다. 전염병이 전 세계적으로 유행하는 현상때문이 다. 중국 우한에서 시작되었던 코로나 19는 고도로 발달 된 교통망 덕분에 삽시간에 전 세계로 퍼져 나갔다. 모두 국가 위기 상황으로 파악하고 국가마다 다양한 방식의 방역을 시도했다. 프랑스의 마크롱 대통령은 '우리는 전쟁 중입니다'라는 꽤 극단적인 말까지 했다. 사실 바이러스와의 전쟁 중이었으니 크게 틀린 말은 아닌 셈이다.

감염병의 문제는 그 타격이 개인의 건강이나 공중 보건에만 그치지 않는다는 데에 있다. 전 세계적으로 퍼진 코로나 19는 세계 경제에 치명타를 입혔다. 겨울철 서울에서 맑은 하늘을 볼 수 있을 정도로 공장이 가동하지 않았고, 불확실한 미래에 많은 이들이 불안해했으며, 서로가 믿지 못하는 불신의 사회를 낳기도 했다. 국경을 가리지 않는 팬데믹 상황일수록 전 세계의 공조와 협력이 필요하지만, 실제로는 자국 중심주의의 방어를 하게 된다. 벌써부터 코로나를 기점으로 해서 BC[Before Corona]와 AC[After Corona]의 시대가 될 것이라는 이야기까지 나올 정도로, 팬데믹이 인류에게 끼치는 영향력은 어마어마하다.

기후 변화

아마도 기후 변화는 현재 가장 위급한 비전통 안보 이슈일 것이다. 지구 온난화 현상으로 인한 재해가 빈번하게 발생하고 있기 때문이다. 특히 유럽 연합은 기후 변화를 일찌감치 안보 이슈로 보고 이에 대한 국제 사회의 관심을 모아 보려 노력해 왔다.

기후 변화를 안보 이슈로 보기 시작했던 것은 2007년 영국이 유엔의 안보리 회의에서 에너지 안보와 함께 기후 변화가 가지는 안보적 측면을 지적하면서였다. 홍수, 지진 등으로 인해 질병과 기근, 흉작이 생겨나고, 식량이나 물에 대한 쟁탈이 시작될 것이며, 이는 곧 환경의 범위를 벗어나 안보 이슈가 될 것이라고 주장한 것이다. 심지어 파푸아 뉴기니와 같은 태평양의 도서 국가는 기후 변화로 인해 해수면이 높아지면서 국토가 잠기는 일까지 생기고 있다. 시르다리야강을 둘러싼 키르기스스탄, 카자흐스탄, 우즈베키스탄, 타지키스탄 사이의 수자원 분쟁도 빼놓을 수 없는 이슈이다. 이상 기후로 인한 흉작 시에는 곡물 가격이 폭등하고, 이로 인해 저개발 국가 국민은 기근에 시달리게 된다.

최근 심심치 않게 뉴스에서 볼 수 있는 대규모 산불이라든지 폭우, 가뭄 등은 모두 기후의 이상 현상으로 시작했지만, 결국에는 큰 경제적 손실을 낳았다. 그뿐만 아니라 기후 난민을 배출하면서 국경에서의 분쟁을 일으켰다. 난민 수용 문제는 국제적 이슈로 떠오르기도 했다. 실제로 2010년 파키스탄에서는 갑작스러운 폭우로 인해 1,200만 명의 이재민이 생기기도 했다.

기후 안보 이슈는 이렇게 급박함에도 불구하고 전 세계의 뜻을 모으기가 쉽지 않다. 먼저 선진국과 개발 도상국 사이의 의견 차이 때문이다. 이미 탄소 에너지를 통해 경제 발전을 이루었고, 이제는 새로운 산업 구조를 만들어 가는 선진국과 달리, 이제 막 공장을 가동하면서 제조업을 통해 경제 발전에 박차를 가하려고 하는 개발 도상국에 기후 변화에 주의를 기울이고 비싼 재생 에너지를 사용하라고 하는 것은 무리가 있기 때문이다.

하지만 최근에는 기후 변화에 대한 인식이 많이 변해가는 것을 알 수 있다. 특히 이 이슈에 대해 미진한 태도를 보여 왔던 미국이 긍정적으로 나서는 것은 매우 의미심장하다. 그만큼 기후 변화는 중요한 글로벌 이슈가 되었고, 탄소 에너지를 줄여 가면서 에너지 산업 구조 자체를 변화시키겠다는 야심 찬 계획에 선진국들이 앞장서고 있다.

이렇게 되면 탄소 에너지를 사용하는 산업계에도 변화가 생길 수밖에 없게 된다. 그로 인한 변화가 두드러진 것이 자동차 산업이다. 내연 기관 자동차는 곧 사라지고 전기 자동차의 시대가 올 것이라는 전망은 그리 멀지 않았다. 환경 안보뿐 아니라 에너지 안보에서도 앞으로 상당한 변화가 예상되고, 이로 인한 경제 산업계 또한 큰 혁신이 이루어지지 않을까 싶다.

평화는 전쟁이 없는 상황을 유지하는 것으로 안보와 밀접한 관련이 있음. / 안보에는 군사력을 의미하는 전통 안보와 기후, 자원, 보건, 경제, 식량 등과 연관된 비전통 안보가 있음. / 코로나 19는 대표적인 비전통 안보 이슈임. / 세계화가 진행되면서 비전통 안보의 중요성이 강조됨.

행정

행정부

행정이란 법률을 집행하고 국익을 실현하기 위해 정책을
수립하고 실천하는 행위를 의미한다. 행정부는 이런 행정
을 도맡아 하는 기관이다. 대의 민주주의를 택하고 있는
우리나라에서 국민이 입법의 장에 나갈 일은 드문 데다,
특정한 사건이 걸리지 않은 이상 법정에 설 일도 별로 없
다. 그런 의미에서 국민의 실생활과 가장 많은 접점이 있
는 정부 기관은 행정부라고 할 수 있다. 특히 현대 사회가
점점 커지고 복잡해지면서, 행정부 역시 규모가 커짐과

동시에 세분화되고 있다.

행정부의 수반*은 국가가 어떤 정부 시스템을 택하고 있는가에 따라 달라지는데, 우리나라처럼 대통령제를 택하고 있는 국가는 대통령이, 의원 내각제를 택하는 국가에서는 총리가 행정부의 수반이 된다. "우리나라는 대통령이 있는데, 왜 영국은 총리가 있죠? 둘이 어떻게 다른 거예요?" 가끔 이런 질문을 받는데, 둘의 다른 점을 알아보자.

대통령제

대통령제의 뿌리는 미국에 있다. 영국으로부터 독립하고 나서 미국은 본격적인 건국 작업을 시작한다. 당시에 대통령은 외국과의 중요한 조약을 맺고, 외국 대사를 맞이하고, 주요 정부 인사들을 임명하는 등의 임무를 가졌지만 그 권한이 매우 크다고 할 순 없었다. 이마저도 사실상 의회의 견제를 받고 있었다. 조약을 맺으면 상원의 동의

....

* 행정부의 가장 높은 자리에 있는 사람

를 얻어야 하고, 정부 인사를 임명해도 마찬가지로 의회의 허락이 있어야 했다. 나라를 대표하는 어른이고 국가 수장이지만 끊임없이 의회의 견제를 받는 자리였다. 시간이 지나고 전쟁이나 대공황 같은 굵직굵직한 역사적 사건을 겪으면서 큰 권력을 가지게 된 것이다.

대통령에게도 의회를 견제할 수 있는 권한이 있다. 의회에서 통과시킨 법률안에 대해 거부권을 가지며, 실질적인 행정은 행정 명령 등과 같은 절차를 통해 의회의 동의 없이 대통령 단독으로 진행할 수 있다. 또한 외교에 있어서만큼은 대통령의 권한이 더 크다. 의회의 의원들이 편협하게 자신의 선거구 유권자들의 이익만을 대변하느라 국익을 소홀히 할까 봐 마련한 장치이다. 그런 까닭에 의회와 대통령은 서로 협조하면서도 견제하는 역할을 한다. 그리고 국민들은 대통령과 의회에 보낼 의원들을 직접 선출하며 이들의 견제를 감시한다.

의원 내각제

의원 내각제를 택하는 국가들도 많다. 대표적인 국가가

영국이다. 흥미로운 점은 의원 내각제 국가에서는 정부의 수장과 국가 수장이 다르다는 점이다. 영국을 예로 들면, 영국 정부의 수장은 총리이지만, 국가 수장은 엘리자베스 여왕이다. 국왕이 없는 경우, 대통령이 국가 수장이 되기도 하는데 독일이 그런 경우이다. 국가 헌법에 따라 대통령에게 주어진 권한은 조금씩 차이가 있다. 독일의 대통령은 큰 권한이 없는 반면, 이탈리아의 대통령은 꽤 큰 권한을 가진다.

의원 내각제하의 총리는 국민이 직접 선출하지 않는다. 각 당의 리더인 대표를 의원들이 선출하고, 총선에서 가장 많은 의석을 차지한 당의 대표가 총리가 되는 식이다. 결국 의원 중에서 총리가 나오고 내각 역시 대체로 의회의 의원들로 채워지기 때문에, 대통령제에서처럼 삼권분립이 뚜렷하지 않고 입법부와 행정부의 견제가 강하지 않다.

....

* 국가의 권력을 입법, 사법, 행정의 삼권으로 분리하여 견제하게 함으로써 권력의 남용을 막고, 국민의 권리와 자유를 보장하는 국가 조직의 원리

두 제도는 장점과 단점이 모두 존재한다. 대통령제의 대통령은 의회와 권력을 나눠 갖기 때문에 어느 한쪽이 원하는 정책을 일방적으로 밀어붙이기 어렵다. 견제의 원리가 작용하는 것이다. 이 견제라는 것 때문에 이도 저도 못 하는 교착 상태에 빠지기도 쉽다. 물론 의회에서 대통령이 속한 정당이 절반이 훌쩍 넘는 의석을 차지하고 있다면 국정 운영이 훨씬 수월하다.

의원 내각제의 총리는 사실상 의회의 다수당과 한 몸이기 때문에 일사천리로 정책을 진행시킬 수 있다. 자칫 권력이 남용될까 봐 우려하는 부분이 없잖아 있지만, 바로 그런 점 때문에 일을 빠르게 진행할 수 있다.

불신임 투표와 탄핵

하지만 내각제하의 총리는 늘 염두에 두어야 할 것이 있다. 바로 '불신임 투표'이다. 내각제의 의회는 총리와 내각에 대해 불신임 투표를 할 수 있다. 만일 의회에서 내각을 신임하지 않은 경우 투표를 통해 의사를 표시한다. 의회에서 내각을 불신임한다는 표결이 통과되면, 내각을 해산시키고 총선을 통해 새로운 총리와 새로운 내각을 짤 수 있다. 총리가 속한 정당이 의회에서 절반 이상의 의석을 차지하고 있다면 불신임 투표가 통과될 가능성이 낮지만, 선거 제도에 따라 한 당이 과반 의석을 차지하지 못하는 경우가 종종 있다. 그럴 땐 어떻게든 다른 소수 정당들과 연합해서 과반 의석을 확보해야 총리의 수명을 보장받을 수 있다. 그런 경우, 연합하게 된 정당의 의원들에게 내각의 장관이나 주요 직책을 주곤 한다. 하지만 아무래도 '한 지붕 여러 가족'이 오랫동안 유지되기는 쉽지 않다.

의회와 내각 해산은 현 정부가 궁지에 몰렸을 때만 있는 일은 아니다. 총리가 현재 인기가 있고 지금 선거를 치른다면 크게 이길 자신이 있을 때, 자신이 속한 당의 의석 수를 의회에서 늘리고 임기도 연장하기 위해 일부러 의회를 해산하고 조기 총선을 치르기도 한다. 예를 들어 A 총리가 인기가 많으면 조기 총선을 치르겠다고 선포하고 의회를 해산시킨다. 총 임기가 5년이고 아직 2년이 남았는데 조기 총선을 치르고 또 승리하게 되면, 다시 5년이 보장되기 때문이다. 그렇게 따지면 총 8년은 총리를 할 수 있게 된다. 더군다나 현재 A 총리가 속한 정당의 의석수는 과반이 안 돼서 소수 정당과 연합을 하고 있지만, 새로 선거를 치르면 높은 인기를 업고 과반의 의석을 차지할 수 있다. 이럴 경우 더더욱 조기 총선을 치르려고 한다. 2년 후엔 인기가 떨어질 수도 있기 때문이다. 내각제하에서는 총리와 집권 정당이 이런 정치적 계산을 종종 한다.

대통령제에서도 의원 내각제의 '불신임 투표'에 해당하는 '탄핵' 제도가 있다. 하지만 대통령을 탄핵한다는 것이 그리 쉬운 일은 아니다. 대통령제의 원조라 할 수 있는 미국에서도 탄핵을 추진한 적이 여러 차례 있었지만, 200년이 넘는 기간 동안 탄핵당한 대통령은 단 한 명도 없었다. 물론 미국의 법체계가 워낙에 꼼꼼해서 그렇기도 하지만 제도뿐 아니라 심리적으로도 '대통령'을 탄핵해서 물러나게 한다는 것은 상당히 부담스러운 일이기 때문이다.

이원 집정제

대통령제와 의원 내각제의 중간쯤 되는 제도도 있다. 이원 집정제이다. 이원 집정제는 대통령과 총리가 공존하는 권력 구조로, 프랑스와 핀란드 등의 국가에서 채택하고 있는 방식이다. 이원 집정제의 대통령은 국민에 의해 직접 선출되고 의원 내각제의 대통령에 비해 훨씬 강력한 권한을 가진다. 일반적으로 대통령은 외교와 국방 등 나라 밖 일인 외치를, 총리는 경제와 사회 등 나라 안 일인 내치를 책임진다. 분업을 통해 효율적으로 국정을 운영할 것 같지만, 여전히 단점이 있다. 이원 집정제에서는 일반적으로 의회에 대통령 불신임권이 없기 때문에 대통령의 독주를 막기 어렵다. 또한 의회의 다수당에서 나오게 된 총리가 대통령과 다른 정당에 속한다면, 서로 마찰이 있을 수 있다. 그리고 내치와 외치라고는 하지만 둘 사이 경계가 불분명할 때가 많은 것이 현대 정치이기 때문에, 자칫 정부 내에서 기세 싸움이 벌어질 가능성도 있다.

완벽한 제도는 사실 존재하지 않는다. 어떤 제도든 장점이 있다면 약점 또한 존재한다. 그렇기 때문에 제도를 어떻게 운용하는가가 중요하고, 운용하는 정치인과 이들을 지켜보는 시민 의식이 중요하다. 독재 국가의 경우 막강한 권력이 대통령에게 쏠리는 대통령제를 선호하고, 그래서 독재의 역사가 있는 국가에는 대통령제의 흔적이 있는 편이다. 그리고 오랜 관습을 깨뜨리지 못해서 대통령

에게 과도한 권한이 주어지는 제왕적 대통령제가 나타나
기도 한다. 이럴 때 의회는 허수아비 역할로 전락한다. 다
만 대통령제는 권력이 한 명에게 집중되는 만큼 안정된
국정 운영이 가능하고 책임 소재가 분명하다는 장점을 갖
는다.

반면 의원 내각제는 의회의 기능이 활발하기 때문에
합의나 협의가 가능하다는 것이 장점이다. 때로는 어마
어마한 설전도 오가는데, 영국이나 캐나다 의회에서 의원
들이 총리를 포함한 내각 멤버들과 논쟁을 벌이는 장면을
보면 실감할 것이다. 사실 의원 내각제의 정당 난립 문제
는 의원 내각제에 어떤 선거 제도를 결합시키는가에 따라
달라진다. 그렇기 때문에 의원 내각제가 '항상' 혼잡하다
고 할 수는 없다. 하지만 민주주의에 오랜 시간 적응이 된
시민 의식이 뿌리내려져 있지 않다면, 아무래도 대통령제
보다는 복잡하게 운용될 수 있다.

중앙 집권과 지방 분권

지금까지 중앙 정치에 대해 살펴보았다면, 이번에는 중앙

정부와 지방 정부의 관계에 대해 이야기해 보자. 우리들의 입방아에 오르내리는 정치적 인물들은 대체로 대통령, 국회 의원 정도일 것이다. 청와대나 국회도 우리들의 정치 수다를 피해 갈 수 없다. 물론 지자체장 중 영향력이 있는 인물들 이야기를 하는 경우도 있긴 하다. 서울시장이나 경기도지사처럼 말이다. 하지만 우리 국민의 정치 레이더는 대체로 중앙 정계를 향한다. 한국이 중앙 정부 중심의 정치를 오랜 시간 해 왔기 때문이다.

중앙과 지방의 관계를 설정할 때 먼저 큰 틀을 잡자면, 단일 국가와 연방 국가부터 구분할 수 있다. 단일 국가는 중앙 정부가 주권을 가진 반면, 연방 국가에서는 지방과 중앙의 정부가 각각 독자적인 주권을 가지고 있다. 가장 가까운 예로 미국과 캐나다가 있다. 우리가 뉴스에서 자주 보는 바이든 대통령은 미국의 중앙 정부인 연방 정부의 대통령이다. 그리고 미국의 50개 주에는 주지사가 있는데, 이들은 주의 내치를 담당한다.

단일 국가가 지방과 중앙의 관계를 어떻게 설정하는가는 지방 정부에 어느 정도의 권한과 자치권을 주는가에 따라 달라진다. 중앙 정부가 모든 것을 관리하는 완전한 중앙 집권 국가는 사실상 모나코같이 작은 국가에서나 가능하고, 대부분의 단일 국가는 일정 부분 자치적 권한을 지방 정부에 넘겨준다. 그중 일부 기능을 지방 정부에 위임하는 위임형 지방 분권 방식이 있고, 지방 정부가 웬만한 권한을 독자적으로 행사할 수 있는 자치형 지방 분권 방식도 있다.

연방 국가는 출발선이 완전히 다르다. 이미 독자적 주권을 소유한 지방 국가들이 모여서 이루어진 것이고, 이를 하나로 묶는 연방 정부에 또 다른 권한을 주는 방식이다. 그래서 미국의 주 정부는 자신들만의 행정부인 주 정부, 주 사법부, 주 입법부가 존재하고 주의 헌법도 따로 있다. 법도 주마다 다 달라서, 어떤 주에서는 법적으로 금지하는 것을 다른 주에서는 허용하기도 한다.

대한민국은 단일 국가이면서 위임형 지방 분권의 정부 성격이 강하지만 최근 들어서는 점점 더 많은 권력을 지방 정부에 넘겨주려는 모습을 보이고 있다. 단일 국가와 연방 국가, 지방 자치 체제와 중앙 집권 체제 역시 장단점이 있다. 어떤 정부 형태를 택하느냐는 그 국가의 지형적, 문화적, 역사적 특성을 저버리고 설명할 수 없다. 미국이나 호주처럼 땅덩어리가 큰 국가는 물리적으로 중앙 정부에 권한이 집중된 시스템을 만들기 어렵다. 각 지역 구석구석까지 중앙의 힘이 뻗치기 어렵기 때문이다. 지역마다 날씨도 다르고 정착한 주민들의 성격도 다르고, 무엇보다도 서로 성격이 다른 '주'들이 모여서 국가를 시작했기 때문에 하나의 중앙 정부가 '군림'한다는 것을 주민들이 정서적으로 받아들이기 어렵다.

규모가 작은데 연방 국가를 택하는 경우도 있다. 다른 언어, 다른 문화를 가진 주민들이 '어쩌다 한 국민'이 된 경우이다. 벨기에가 대표적인 경우인데, 벨기에는 크게 네덜란드어를 쓰는 플랜더스 지방 주민과 프랑스어를 쓰는 왈론 지방 주민으로 나뉜다. 그리고 이들은 별로 사이가 좋지 않다. 그래서 서로의 문화와 언어, 그리고 자주성*을 존중하며 공존하기 위해 1993년 연방 국가로 탈바꿈했다.

연방제를 택하고 더 강한 지방의 자치권을 허용하면 그 지역 주민들의 뜻이 반영된 정치 행위를 할 수 있다는

---

* 남의 보호나 간섭을 받지 아니하고 자기 일을 스스로 처리하는 능력이나 성질

장점이 있다. 사실 지역마다 성격이 다르고 또 특징이 있기 때문에, 중앙 정부가 일괄적으로 적용하는 보편적인 규범이나 양식이 모두에게 가장 좋은 방법이 될 수는 없다. 물론 단점도 있다. 지방 자치 정부의 운영이 투명하지 않거나 자치에 대한 주민들의 진지한 태도 및 참여가 없다면, 자칫 지역 이권을 가진 이들이 제멋대로 권력을 휘두르기 쉽다. 또한 한 국가의 국민으로서의 정체성보다 지역에 대한 애착이 강한 경우 국민 화합에 있어서 장애가 될 수도 있다. 지역 이기주의가 심화될 수도 있고, 극단적인 상황으로 간다면 독립을 주장할 수도 있다.

실제로 스페인의 카탈루냐 지역이나 캐나다의 퀘벡 지역에는 자치 독립을 주장하는 정치인들이 있다. 물론 이 두 지역의 경우는 스페인이나 캐나다의 다른 지역 사람들과는 아예 처음부터 다른 정체성을 가지고 있었다. 카탈루냐는 스페인 국민보다는 카탈란으로서의 정체성을 더 강하게 가지고 있고 그들만의 언어도 있다.

퀘벡도 마찬가지이다. 퀘벡 지역은 프랑스어를 쓰는 프랑스계 사람들이고, 다른 캐나다 지역의 영어권과는 확연히 다른 분위기를 가진다. 이런 경우 대부분의 민주주의 중앙 정부에서는 억지로 한 국가의 국민으로서 정체성을 갖게끔 강요하지 않고, 최대한 그들의 문화와 역사, 관습을 존중해 주면서 국가의 틀 안에 머무르도록 하고 있다. 인구는 국력이고 그들이 가져다주는 다양성과 경제력을 무시할 수 없기 때문이다.

한국의 지방 자치는 1949년 지방 자치법이 제정되면서 시작되었다. 1952년 지방 의회가 구성되었고 1960년에 모든 지방자치단체장이 선거를 통해 선출되었다. 하지만 군사 쿠데타로 인해 지방 의회는 해산되고 지방자치단체장은 선출이 아닌 중앙 정부에서 임명하는 방식으로 바뀌었다. 투표를 통해 지방자치단체장을 뽑는 지방 자치가 다시 실시된 것은 1991년 지방 의회 선거 때부터이다. 여기에 주민의 자치 권한을 더 늘리기 위해 지방자치단체장의 결정 사항에 대한 주민 투표와 주민 소환 제도가 도입되

....

* 문제가 있는 지방 행정에 대해 주민들이 투표를 통해 제재할 수 있는 제도

었다.

많은 발전을 해 온 지방 자치이지만, 지방자치단체 의회나 단체장들의 비리, 부정부패, 부적절한 행동이 드러날 때마다 지방 자치 제도에 대한 회의를 표하는 이들도 많다. 단일 민족이라는 교육을 오랜 시간 받아 왔고, 하나의 국가 논리에 상당히 익숙한 까닭도 있다. 또한 넓지도 않은 땅에 굳이 지방 자치 제도를 통해 지방의 특색을 강조하고 이들에게 큰 권한을 줄 필요가 있는가 하는 근본적인 질문도 있다. 더군다나 여기에 이들 단체가 권력을 잘못 사용하고 있다면 더욱 부정적인 시각이 강조될 수밖에 없다. 이 문제는 앞으로 지방자치단체가 권한을 확대해 나갈 때마다 논의의 쟁점이 될 것으로 보인다.

행정은 법을 실현하고, 국가 이익을 위해 정책을 수립 시행하는 일련의 행위를 의미함. / 행정부의 형태는 크게 대통령제와 의원 내각제로 나뉨. / 대통령제는 정책의 책임 소재가 분명하고, 국민에 의해 직접 선출되었다는 정당성을 가짐. / 의원 내각제의 행정 수반은 총리로, 의회에 의해 세워짐. / 이원 집정제에선 대통령이 외교와 국방 등 외치를 책임지고, 총리는 경제와 사회 등의 내치를 책임짐. / 중앙 정부와 지방 정부의 관계에 따라 연방 국가 혹은 단일 국가로 구분됨.